Das Wissen
welches in dieser Broschüre zum Ausdruck kommt
habe ich den Meistern der
GROSSEN WEISSEN BRUDERSCHAFT
zu verdanken

Ein Leitsatz der Belehrungen der Weissen Bruderschaft ist, nach dem Gesetz der Harmonie und Brüderlichkeit zu denken, zu fühlen, zu handeln und zu Sein. Krankheit ist der Ausdruck für das Ungleichgewicht von Harmonie und Brüderlichkeit.

Zitat von El Morya
aus der Agni-Yoga Buchreihe des Spirale-Verlages: ...Auf der Erde kümmern wir uns auch um den Körper und deshalb sollte man die Ursachen der Krankheiten ergründen. Der Arzt könnte dem Kranken sagen: "Sie haben einen Anfall von Habsucht", oder "eine Anämie des Eigendünkels" oder "Steine des Verrates".
Freunde, ich wiederhole - haltet Eure Gedanken rein, dies ist die beste Desinfenktion und das beste Stärkungsmittel..

Zitate von Djwhal Khul aus den 24 Bänden "Esoterische Philosophie", Alice Bailey/Lucis Verlag: ..**Das Mineral** gehört zum ersten Naturreich und findet seine Bestimmung im Siebten Zeitalter. Seine göttliche Ausdrucksweise ist, im statischen, inaktiven und passiven Zustand dynamische Kraft zu entfalten, die alle Substanzen in der Umgebung ungehindert durchdringt. Dies passiert in der planvollen Ausgestaltung unter organisierenden Einfluß des Siebten Strahles.
Das Durchdringen anderer Substanzen über radioaktive Verhaltensweise ist ausschließlich Ziel des Mineralreiches, nicht das der Pflanzen, der Tiere oder der Menschen.
Ziel der Pflanzen ist Anziehung und Magnetismus.
Ziel des Menschen wiederum ist, radioaktive Kräfte zu entwickeln. Es ist die magnetische Kraft des ätherischen Körpers, welche die Ausstrahlungen der Minerale, die der Körper benötigt, zu sich heranzieht.
Mineral = Im Prozeß der Verdichtung geschieht das Geheimnis der Umwandlung mit dem Endziel - Strahlung.

Zitat von Lord Hanuvah dem Nachfolger Hilarions:
"Dein Körper speichert die Weisheit der Jahrtausende. Liebe ihn, achte ihn und er wird dir sein Wissen mitteilen. Dies ist der einzige Weg zu wirklicher Heilung".

DIE AURA NÄHRT SICH VON DEINEN GEDANKEN - der Mentalkörper

Die Gedanken bestimmen die Farbe Deiner Aura. Die Gedanken sind die Väter aller Gefühle und Taten - am Anfang war das Wort. Jeden Tag zu jeder Sekunde fängt ein neuer Schöpfungsprozeß Deines Lebens an. Wenn Du Dich **j e t z t** entschließt, Meister Deiner Gedanken und Gefühle zu werden, fängt **j e t z t** ein neues Leben ohne Vergangenheit oder Karma an, denn: Karma kann einen harmonischen Menschen nicht verwirren!!! Karma ist nur die Folge der eigenen Unwilligkeit, die Ursachen zu beheben. Das jedoch kann sofort und jeden Moment geschehen.

So, wie Du über Deinen Nächsten denkst, gestaltet sich Deine eigene Welt. Du zwingst mit jedem Gedanken die Wirklichkeit dieses Gedankens in Deine Welt.

°°°°°°°EDELSTEIN MEDITATION zur Stärkung des Mentalkörpers°°°
°°°°°°°°°°°°°°°°°°°°°°°°°°°°°°°°°°

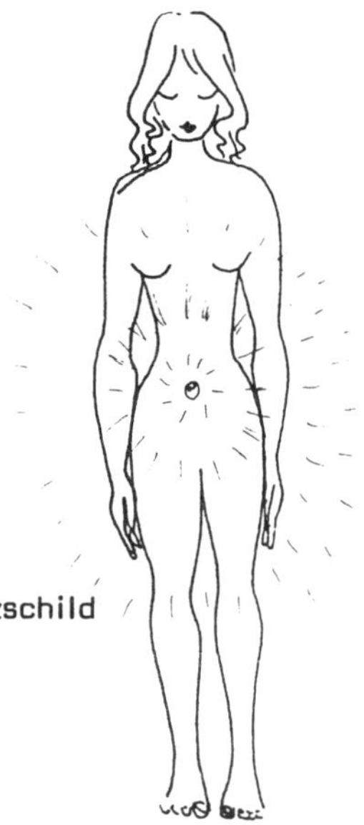

Purpurit - Klarheit
grüne Steine - Ausgleich, Balance
gelbe Steine - Lebenskraft, Sonnenenergie
blaue Steine - Abgrenzung, Schutz
Der grüne und der gelbe Kreis bilden
zusammen in Ihrer Aura ein psychisches Schutzschild

10 Minuten - Atmen
10 Minuten - Energien beobachten
10 Minuten - Gedanken beobachten
10 Minuten - Energien innerhalb Ihres Körpers beobachten

Legen Sie sich einen Purpurit auf den Bauchnabel, um diesen Purpurit einen Kreis aus grünen Steinen, um diesen einen größeren Kreis aus gelben Steinen und einen äußeren Kreis aus blauen Steinen

Unschuldige Gemüter gehen geschützt durch die Welt, weil wir die Schöpfer unserer eigenen Aura sind. Wer nur Gutes denkt von seinen Mitmenschen, ganz gleich, was ihm passiert, ist ein lebendiger Transformator. Hans im Glück hat eine violette Aura, die alles in Harmonie gestaltet, was sie berührt. Rubinrote Funken grenzen sie ab - die Aura und Sie.

ooooooo EDELSTEINMEDITATION zur Erlernung der Abgrenzung oooooooooooooooooooo ooooooo

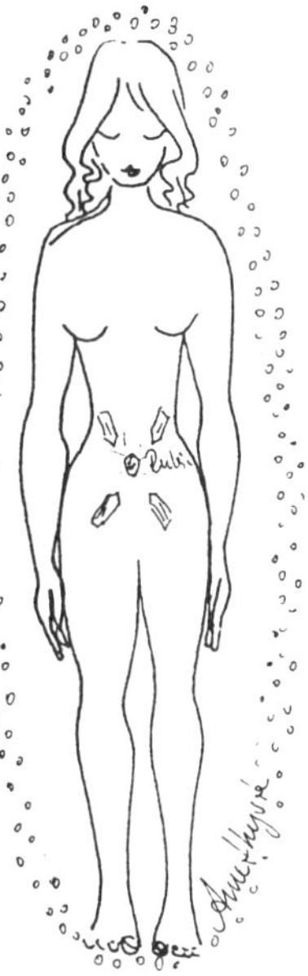

HANS IM GLÜCK

Legen Sie sich in ein eiförmiges Energiefeld aus ca. 1 kg kleinen, möglichst dunklen, klaren Amethysten. Legen Sie zusätzlich einen durchscheinenden Rubin auf den Bauchnabel und zur Verstärkung vier Bergkristallspitzen, die zur Mitte zeigen, auf den Bauch. Wenn Sie sich täglich 20 Minuten in dieses Energiefeld legen, lernt Ihre Aura Transformation und Abgrenzung. Dieses Energiefeld ist geeignet für empfindsame Kinder und Menschen, die viel mit anderen Menschen zusammen sein müssen, und dieses zeitweise unerträglich finden.

Es ist nicht nötig, Kinder in das Energiefeld zu legen. Lassen Sie das Kind selbst einen Kreis aus Amethysten bauen - eine Burg mit Mauern aus Amethysten. Ein Rubin sollte jedoch in der Mitte liegen, zum Spielen oder einfach nur zum Dasein.

Urteile nicht, aber treffe Entscheidungen. Rücksichtslosigkeit, Dumpfheit, Ungeduld, Trägheit, Mißgunst, Neid, Spott, Rache, Unverständnis, Haß, Ekel, Beleidigtsein, auch der leiseste Hauch dieser Gefühle - entstanden aus den Gedanken dem Nächsten gegenüber, schlagen Löcher in unsere eigene Aura. Das sind die Angriffspunkte, die ungeschützten Stellen in unserer Unsterblichkeit, Siegfried Blatt auf der Drachenhaut. Reine, spontane Gefühle wie Wut, Freude, Kümmern, Trauer und Angst sind Ausdrucksformen emotionaler Zustände und erhalten uns lebendig. Diese sind nicht gemeint.

Wenn diese primären Gefühle nicht spontan gelebt werden, entstehen die oben genannten sekundären Gefühle, die sich auch in den feinstofflichen Schichten unserer Aura abspielen - Die Aura nimmt die unklaren Farben dieser Gefühle und Gedanken an. Nach dem Gesetz der Entsprechung handelt ein solch verfärbtes Energiefeld, diese Aura mit allen ähnlich verfärbten Energiefeldern - ohne unser Zutun. Wir werden unweigerlich hineingezogen in die Welt dieser Gedanken und Gefühle. Wir verschwenden viel Kraft um Aufrechterhalten unserer Gemütsruhe. Je mehr Gedanken in dieser Richtung gehen, umso reger ist der Handel und Austausch. So ist man mitten drin im Menschenhandel der subtilen Art.

°°°EDELSTEINMEDITATION zur Beruhigung der Energien
ooooooooooooooooooooooooooooooo

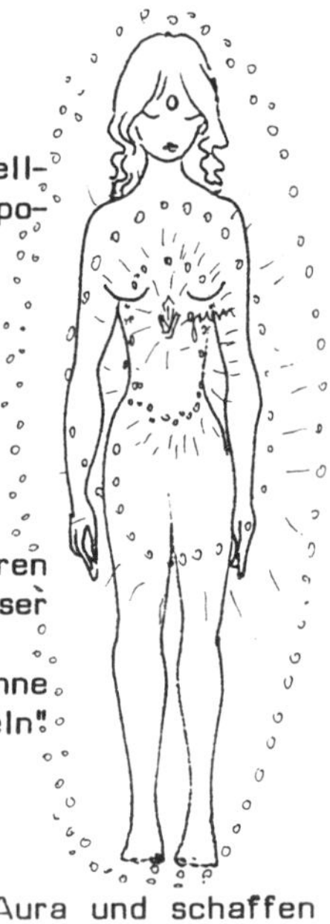

HARMONIE ALLER KÖRPER

Legen Sie sich auf das Sonnengeflecht einen hellgrünen, durchsichtigen Stein - Smaragd oder Apophyllit
Inneres Oval - Citrine
mittleres Ovel - Rosenquarz
äußeres Oval - Bergkristalle
Stirn - Amethyst

10 Minuten - Atem beobachten
10 Minuten - Energie beobachten
10 Minuten - zu den spürbaren und nichtspürbaren Blockaden violette Farbe schicken und in dieser Farbe auflösen lassen.
Wenn die gelbe Farbe Ihres Sonnengeflechtes Sonne strahlt und mit rosa Liebe umgrenzt ist "handeln" Sie mit Bestimmtheit und Liebe.

GEDANKEN SIND WIE PFEILE

Gewaltige Gedanken tragen die Farbe Deiner Aura und schaffen so die Verbindung von Dir zu dem Geschehen, bei dem Deine Gedanken weilen. Sendest Du liebevolle Gedanken und den Wunsch zur Lösung in ein Katastrophengebiet, so webst Du mit an einer Neuen Welt. Sie ist Deine Welt, denn sie trägt die Farbe Deiner ganz persönlichen, individuellen Aura. Sie ist und bleibt ein Teil von Dir. Wir sind ein Teil des Schöpfungsplanes, kein passiver, sondern ein aktiver Teil. Warum haben uns das die Kirchen verschwiegen? Du kannst und sollst am Neuen Zeitalter mit Deiner Aura weben, mit Deinen Farben färben.
Hier ist eine der schönsten Anrufungen für das Neue Zeitalter, Du kannst es sprechen, wo immer Dir der Sinn danach ist.

Je dichter die Materie, umso schwärzer sind die Schatten. Je transparenter die Materie, d.h. je schneller die Atome schwingen, um so unscheinbarer sind die Schatten. Es gibt auch hier auf Erden ein Reich, in dem die Sonne scheint, ohne Schatten zu werfen. Die Reinheit der Gedanken hat mit Transparenz und Transformation zu tun.

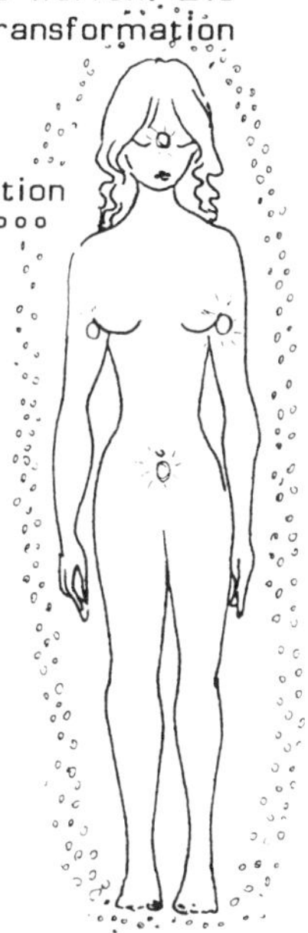

°°°EDELSTEINMEDITATION zur Transformation Materie°°

LEICHTIGKEIT

Legen Sie sich in ein eiförmiges Energiefeld aus ca. 1 kg kleiner, klarer Bergkristall - Trommelware, legen Sie sich zusätzlich einen Citrin auf die Stirn, je einen auf die Achselhöhlen und einen auf das Sakralzentrum.
Evtl. zum Erden unter jede Fußsohle einen Jaspis oder ein Tigerauge.

Sendest Du schwarze Pfeile der Wut zu einem Menschen, zwingst Du auf die gleiche Weise Gleiches in Dein Leben. So werden Ketten an das Chaos der Welt geschmiedet.

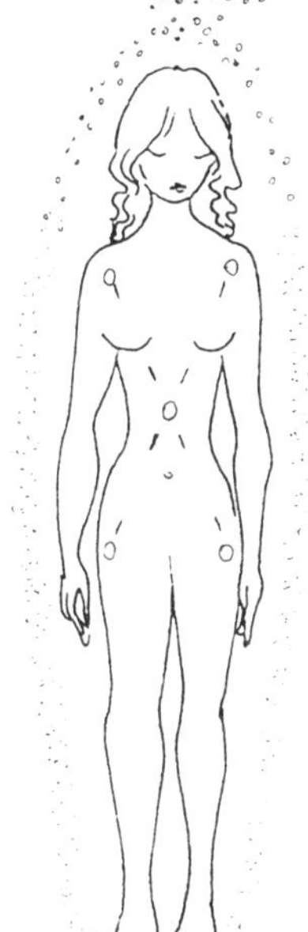

DU ZWINGST DAS IN DEIN LEBEN WORAN DU DENKST

Legen Sie rund um Ihren Astralkörper aus rosa Steinen ein Ei. Legen Sie zusätzlich ein Viereck aus rosa Steinen auf Ihren Körper, der mittlere sollte ein Aventurin sein, auf das Sonnengeflecht, dem wesentlichen Verbindungszentrum zum Astralbereich. Verbinden Sie die Steine mit kleinen Turmalinstäbchen. Überdenken Sie alles, was Ihr Leben angeht und wandeln Sie alle Gedanken negativer Art in positive um.

DIE GEFÜHLE SIND DIE DIENER DEINER GEDANKENWELT

Bist Du empfindlich gegen "schlechte Schwingungen" (dieses Wort stammt aus dem Alternativslang), ist die Lösung so einfach. Bemühe Dich, nur das Schöne im Nächsten zu sehen. Dann öffnest Du Dich der Schönheit des Lebens und Du wirst nur Schönem gegenüber empfänglich sein.

°°°°EDELSTEINMEDITATION mit einem synthetischem Alexandrit

DAS SONNENGEBET

Legen Sie sich einen synthetischen Alexandrit auf das Herz.
15 Minuten - lauschen auf den Atem
15 Minuten - stille Musik Ihrer Wahl
15 Minuten - lauschen Sie, was der Stein Ihnen zu sagen hat

Obwohl synthetisch, ist der Alexandrit der Stein aller Steine. Er wechselt die Farbe je nach Licht von hellblau zu violett. Er beherrscht in vollkommener Weise Seine Aufgabe, die erste und siebte Qualität Gottes in unserem Sonnensystem, die Kraft der Verwandlung. DIES IST DIE AUFGABE DER MINERALIEN UND IHRE WIRKUNG AUF UNS: **KRAFT, ENERGIE und TRANSFORMATION.**

Der Weg zur Freiheit aus der Schwere der Materie führt nur durch diese Tore: die Reinheit der eigenen Gedankenwelt ist ein Tor. Die Reinheit der Gefühlswelt ist ein anderes Tor.

°°°EDELSTEINMEDITATION zur Stärkung emotionaler Abwehrschwächen ooooo ooooo ooooo ooooo ooooo ooooo ooooo

Legen Sie sich in ein Ei aus lauter kleinen Aventurinsteinen - mit einen rosa Stein Ihrer Wahl auf Ihr Körpermitte. Diese Meditation ist auch gegen Allergien anwendbar.

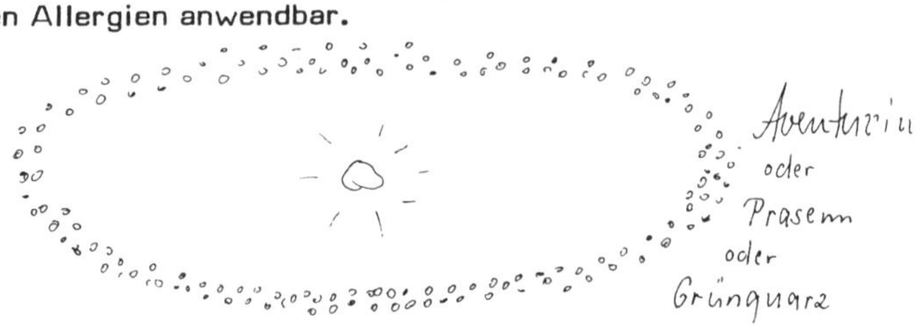

ENTSPANNUNG DER AURA

Beinahe alle Steine wirken entspannend im Astralbereich. Doch die Ursache können nur wir selbst beheben. Eine Methode zur Auffindung von Ursachen ist die Rückführung - past life.
Erkenntnisse aus Rückführungen sind sinnvoll, wenn sie bezug zu jetzigen Gewohnheiten zeigen.

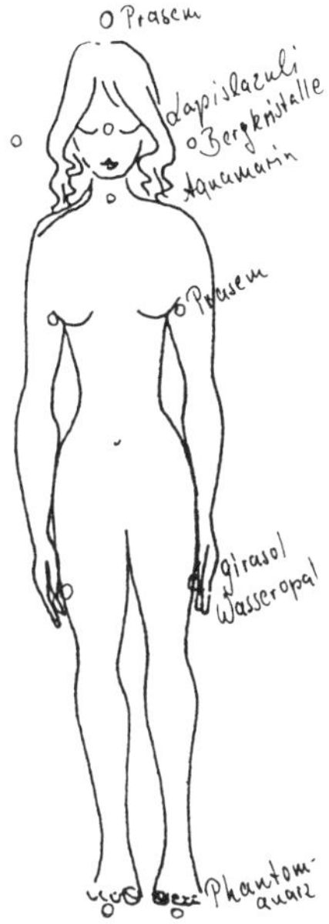

PAST LIFE - RÜCKFÜHRUNG

Legen Sie sich
1 Prasem - über den Kopf, er stärkt den Willen und umgibt Sie mit einer rosa Aura der Liebe
1 Lapislazuli - auf die Stirn zwischen die Augenbrauen, er gibt Sicherheit
je 1 Bergkristall neben die Ohren, sie vermitteln Klarheit
1 Aquamarin - auf das Halschakra = Reinheit
je 1 Prasem - in die Achselhöhlen, stärkt den Astralkörper
je 1 Wasseropal - in die Hände, vermittelt Sicherheit in den Zwischenwelten
je 1 Phantomquarz - unter die Füße, ist Verbundenheit zur Erde = Erdung

Rückführungen sind kein Kinderspiel. Sie können ungewünschte Kräfte in Bewegung setzen. Schützen Sie deshalb unbedingt Ihr Sonnengeflecht mit einem Bernstein. So verwehren Sie ungebetenen Energien den Eintritt in Ihre Welt.

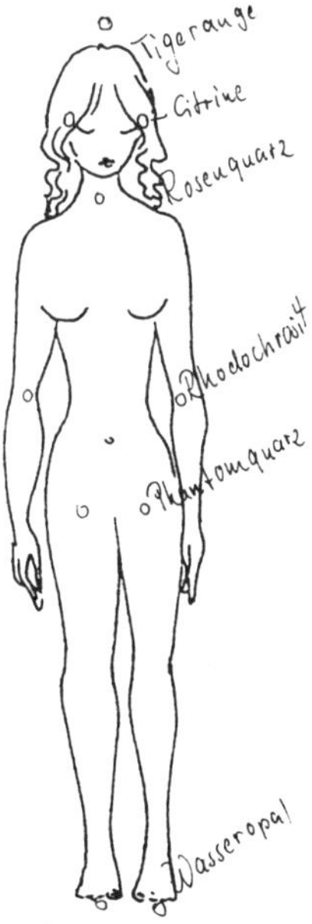

MEDITATION - RÜCKFÜHRUNG und ZUKUNFT
nur für Meditationsgeübte

1 Tigerauge - über den Scheitel
je 1 Citrin - werden von dem, der die Rückführung leitet, auf die Schläfen gehalten
1 Rosenquarz - auf den Kehlkopf
je 1 Rhodochrosit - in die Ellenbeuge
je 1 Phantom - auf die Leisten
je 1 Wasseropal - unter die Fußsohlen

Lassen Sie sich Ihren Gefühlsbereich nicht mehr verletzen, wenn er entspannt ist. Entspannung geschieht durch rigerosen Wechsel eigener Gewohnheiten!

Zweifel und Wankelmütigkeit nehmen die Klarheit einer Entscheidung. Fühle ganz genau in Dich hinein, welche Wahrheit die Lösung für Deine Konflikte ist. Und dann laß diese Wahrheit Dein Führer sein.

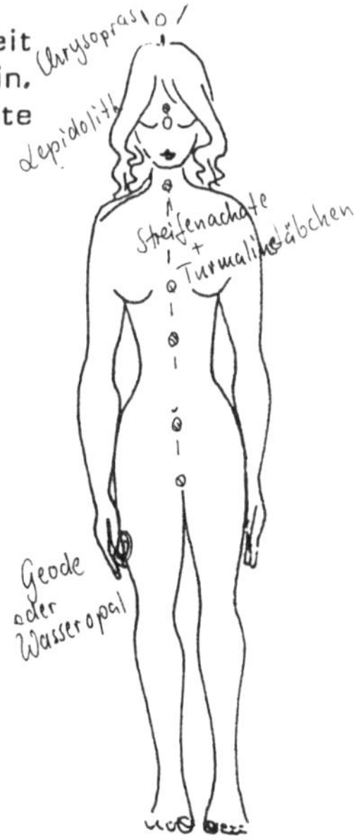

EINHEIT DER GEFÜHLSWELT

Abwehr und Stabilisierung, der Emotionen - ein Legemuster gegen Psychostress und Entscheidungsschwierigkeiten

Chrysopras - über den Scheitel
wirkt schützend und ausgleichend
Lepidolith - auf die Stirn
wirkt entspannend
Streifenachat - auf alle Chakren
stabilisiert den Emotionalkörper
Achatgeode oder Wasseropal - in die rechte Hand - ausgleichend

STÄRKUNG DES ASTRALKÖRPERS

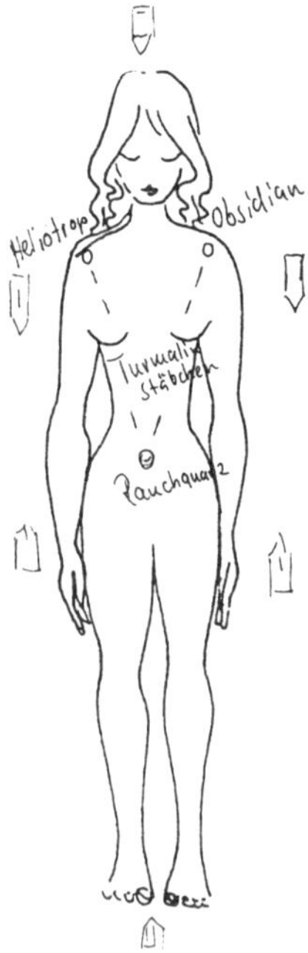

Nehmen Sie einen großen Bergkristall in Ihre Hände als Talisman und legen Sie um die Eiform Ihres Astralkörpers, ca. 15 cm größer als Ihr physischer Körper ein Energiefeld aus so viel als möglich aus folgenden Steinen:
Feuerachat, Moosachat, Aventurin, Azurit-Malachit, Diopsid, Smaragd, Granat, Gold, Elfenbein, Labradorith, Lepidolith, Mondstein, Onyx, Opal, Peridot, Baumquarz, Amethyst, Citrin, Rosenquarz, Bergkristall, Rhodochrosith, Rubin, Topas
Zwischenräume können Sie mit Bergkristall-Trommelware auffüllen.

LIEBESKUMMER

Legen Sie sich in ein Sechseck aus Bergkristallen, einen Rauchquarz auf den Bauch, einen Heliotrop auf die rechte Schulter, einen Obsidian auf die linke Schulter. Verbinden Sie die Steine mit kleinen Turmalinstäbchen, sodaß ein nach oben geöffnetes V entsteht.

Wenn Du Deine Gefühle beherrschst, dann wirst Du auch nach Deinem Tod die höheren Welten suchen und der Aufenthalt in der Astralwelt, dem Fegefeuer der unbewältigten Gefühle oder der Traumwelt unbefriedigter Wünsche, bleibt Dir erspart. Beherrschen ist nicht Verdrängen. Verdrängen ist blindes Versuchen, Beherrschen geschieht mit bewußter Anstrengung. Wenn Dir der Unterschied der beiden Möglichkeiten nicht ganz klar ist, so mach' Dir hier bewußt: "Wer suchet, der findet" ist der Weg zum Aufstieg. Seinen eigenen Weg durch eine Welt ohne Landkarte zu finden, ist unsere Aufgabe. Am Anfang einer jeden Suche ist immer nur das Ziel bekannt.

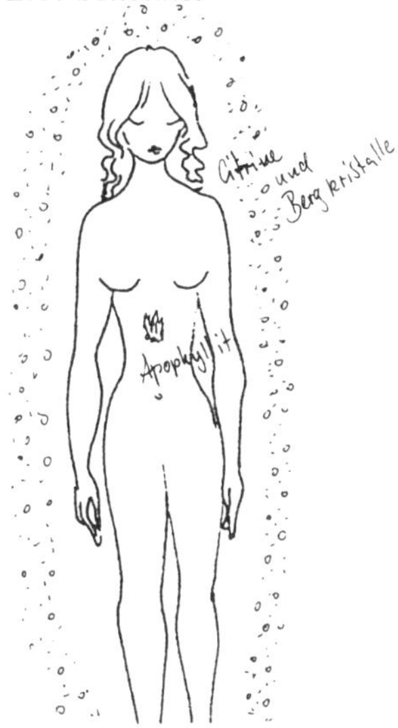

TEROS
DAS PSYCHOLOGISCHE SCHUTZSCHILD
Die Sonnenaura

Legen Sie sich einen grünen Apophyllit (oder lichtdurchlässigen Smaragd) auf das Sonnengeflecht und ein Oval aus kleinen Citrintrommelsteinen, begrenzt von einem Oval aus Bergkristall-Trommelsteinen oder einem Sechseck aus Bergkristallen.

Teros, die Kraft der Entscheidung ist Dein Schutz - Tamas, das Nichtwissen der Unschuld, ihr Zwillingsbruder. Die beiden sind die einzigen Begleiter auf jeder Suche nach einer Lösung. Kein Held hat mehr zu Beginn seines eigenen Märchens.

TAMAS
DAS MENTALE SCHUTZSCHILD
Die nichtwissende Unschuld

Legen Sie sich einen weissen Zirkon oder milchigen Bergkristall auf das Halschakra und um diesen Stein einen Kreis aus Aquamarinen

Die Bequemlichkeit sucht sich andere Lösungen: ein paar Hundert Mark pro Monat an die Krankenkasse, die Entscheidung eines Anderen und seine Lösung wird geschluckt. Die Ursache jedoch kannst nur Du allein beseitigen.

ELIXIERE

Wie bereits in Heft 1 ausführlich erläutert, können wir der enormen Speicherfähigkeit und Rezeptivität des Wassers die Informationen der einzelnen Steine anvertrauen und dieses angereicherte Wasser zur Gesundung unseres physischen Körpers trinken. Er wird die Informationen verarbeiten.
Die bekanntesten Heilgetränke aus Überlieferungen der Hl. Hildegard aus dem 11. Jahrhundert:
Bergkristall gegen Gewaltlosigkeit
Smaragd gegen Bakterien und zum Aufbau der eigenen Abwehr.

Es ist mühsame Millimeterarbeit, die Schattenwelt aus dem eigenen Denken zu verbannen.
Manchmal dauert es zähe 25 Wochen, bis ein Gedankenmuster und die darin verwurzelten Gefühle verbannt sind. Aber macht man eine Hochrechnung, pro "Tugend" 25 Wochen, dann könnte man in 10 Jahren erleuchtet sein. Warum so viele Leben vergeuden, wenn man doch freiwillig wiederkommen kann und im Vollbesitz aller Empfindungsmöglichkeiten die Schönheiten dieser Erde mit dem gesamten Sein begreifen und erleben kann.

KRISENBEWÄLTIGUNG

Legen Sie sich
1 Chrysopras - über den Scheitel - er reinigt die Aura
1 Onyx - auf die Stirn - er stärkt die Aura
1 Opal - auf das Herz - er fördert das eigene Energiefeld ohne Fremdeinwirkung
1 Citrin - auf den Bauchnabel - er stärkt den Lebensmut
1 Rutilquarz - kurz unter den Bauchnabel - er stärkt das Vertrauen in sich selbst
Legen Sie zusätzlich ein Sechseck aus Bergkristallen

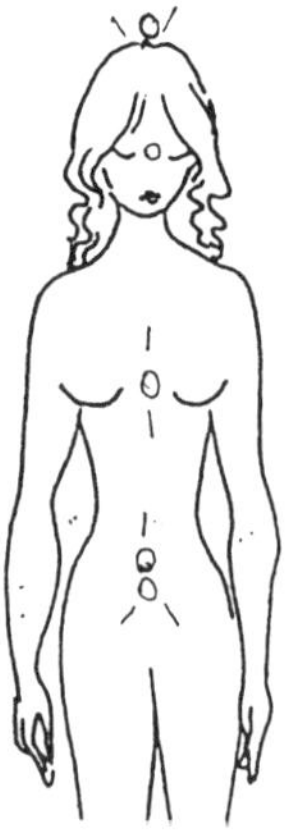

STÄRKE DEINE LEBENSKRAFT - DER ÄTHERKÖRPER

Trägheit ist der Tod des Geistes. Ein lebendiger Geist ist Deine Lebenskraft. die Lebenskraft wiederum ist die Seele Deiner Gesundheit. Beobachte genau, was in Deinem Leben Deine Lebenskraft reduziert - Lebensumstände, Mitmenschen, Gedanken. Urteile nicht, aber entscheide Dich für das, was Dir hilft, lebendig zu sein.

EDELSTEINMEDITATION zur Stärkung des Yang

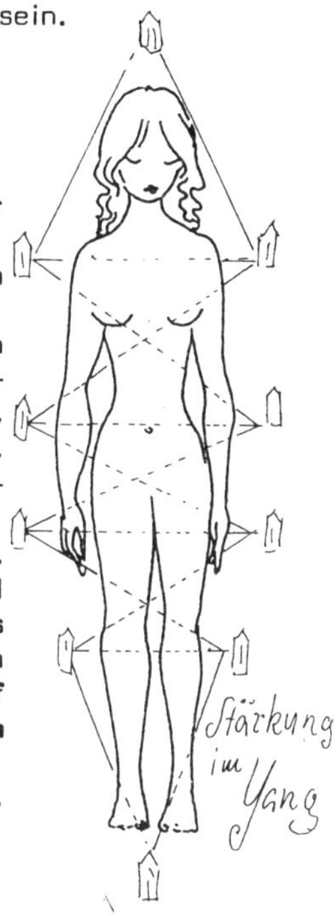

Es gibt zwei Arten von Schwächen im Ätherkörper - ein Ungleichgewicht zwischen YIN und YANG.
Eine Schwäche im YANG kann sich in folgenden Symptomen bemerkbar machen:
Kalte Hände und Füße, allgemeines Kälteempfinden mit Bedürfnis nach Wärme, Unlust, Unaktivität, allgemeine Müdigkeit, kalter, perlender Schweiß, stilles, passives, langsames bis schlafwandlerisches Verhalten, großes Schlafbedürfnis, langsame Reaktion, Tagträumer - ein Übergewicht an YIN-Energien
In dem Fall machen Sie folgendes Energiefeld: ca. 15 bis 30 cm neben jedem Gelenkt ein Bergkristall mit einem Mindesgewicht von 100 g pro Spitze, alles Spitzen zeigen nach Norden. Über den größten Steinen baut sich eine Kraftlinie auf - **deshalb muß darauf geachtet werden, daß über dem Kopf und unter den Füßen jeweils der größte und schwerste Stein liegt!!!**
Geeignet sind auch Rohbrocken aus Rosenquarz, Rubin, Kimbalit, Aragonit und alles, was stärkt.

EDELSTEINMEDITATION zur Stärkund des YIN

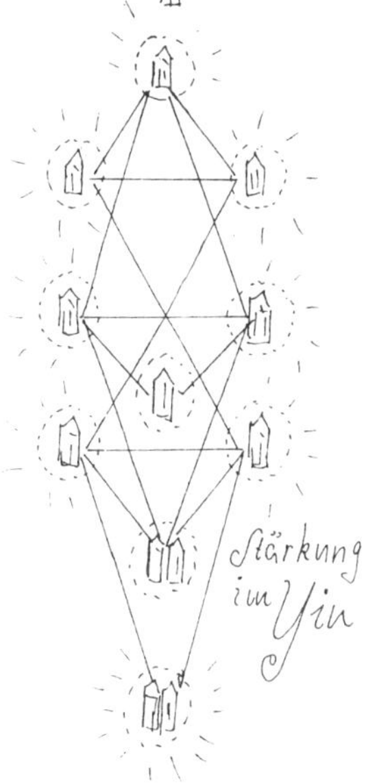

Eine Schwäche im YIN macht sich folgendermaßen bemerkbar: Hitzewallungen, Bettnässen, heiße Hände und Füße, allgemeines Hitzeempfinden mit Bedürnis nach Kälte, Überaktivität, überschäumende Unrast, schnelle, hektische Bewegungen, Schlafstörungen, ein Übergewicht an Yang-Energien.

In dem Fall machen Sie folgendes Energiefeld: Legen Sie wie oben bis zu den Hüftgelenken je einen Bergkristall, bei den Beinen jedoch legen Sie die beiden Steine zischen die Beine in Höhe der Gelenke.
Geeignet sind auch Rohbrocken aus Mammutbaum, Lepidolith, Amazonit und alles, was sanft macht.

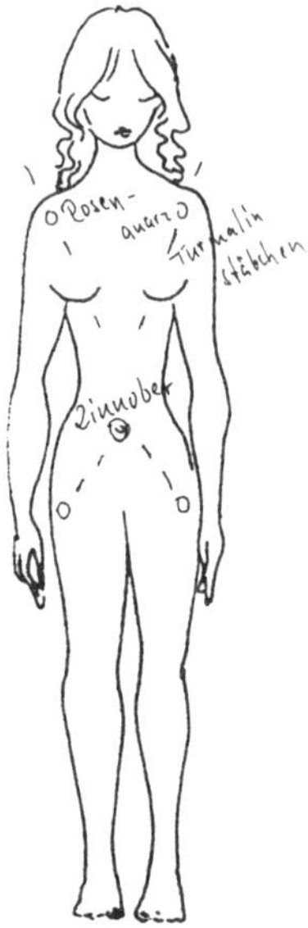

Je fortgeschrittener und klarer Dein Bewußtsein ist, je sprudelnder Deine Lebenskraft, umso subtiler sind die feindlichen Regungen. Selbst ein Hauch von Beleidigtsein, von Ablehnung u.a. dreht den Hahn der Lebenskraft wieder zu.

LEBENSKRAFT

Legen Sie sich einen Zinnober auf den Nabel, je einen Rosenquarz auf die Schultern und Lenden, Sonnengeflecht und Herz. Verbinden Sie die Steine mit Turmalinstäbchen.

Wenn Du Dich oft ärgerst, suche nach der eigentlichen Ursache. Meist liegt es an der Unfähigkeit, sich abzugrenzen. Diese wird verursacht durch Unklarheit der Auswahl, diese durch "humanitäres" Verständnis hunderter von Standpunkten. Urteile aber verurteile nicht und entscheide Dich für das, was Dir hilft, Deine Lebenskraft zu erhalten. Ärger ist eine impulsive Reaktion auf einen meist spontanen Energieverlust aufgrund einer Enttäuschung. Ein Wutausbruch hebt das Energieniveau wieder auf den ursprünglichen Zustand. Aber diese Art des Energieausgleiches ist ein Bumerang. Die Ursache liegt vor der Enttäuschung - Deinem Unwillen, Laschheit, Ängstlichkeit, Dich sachlich abzugrenzen.
Setze dem Deinen Willen, Deine Kraft und Deinen Mut entgegen. Du brauchst die Münze nur umzudrehen.

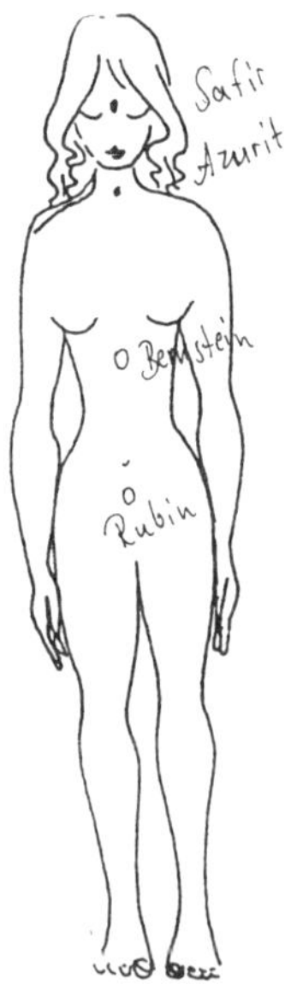

GANZHEIT gegen PSYCHISCHE STÖRUNGEN

Legen Sie sich
einen Saphir auf die Stirn - **Idee**
einen Azurit auf den Kehlkopf - **Formulierung**
einen Bernstein auf das Sonnengeflecht - **Planung**
einen Rubin auf den Unterkörper - **Ausführung**

Diese Vier sind die wesentlichen Stationen, die für eine gesunde Psyche garantieren.
Unterstützen Sie die Wirkung, indem Sie kleine Turmalinstäbchen um die Steine plazieren.

Mit einfachen Mechanismen und Gewohnheiten beleben wir immer wieder aufs Neue die Wunden der Vergangenheit, die zum Muster Deines Ätherkörpers geworden sind. Da der Ätherkörper der Träger Deiner Vitalität ist, reduzierst Du damit immer wieder Deine Lebenskraft. Laß die Wunden heilen, indem Du Deine Denkmuster, Verhaltensweisen und Gewohnheiten über Bord wirfst und Deine Lebensströme wieder fließen läßt.

Physische Erkrankungen haben demnach zum größten Teil die Wurzeln im Muster der feinstofflichen Körper, der Äther- und Astralkörper.
Der Ätherkörper ist Träger und Übermittler der göttlichen Lebensenergie, dem Prana, er ist auch der Mittler zwischen Gehirn, Nervensystem und Denkvermögen, bzw. Seele, Denkvermögen und Gehirn.
Hier ist die Wurzel für nervlich bedingte Krankheiten zu finden. Der Kontakt zur Seele ist unterbrochen, bzw. dem Verlangen und Streben der Seele ist ein Hindernis entgegengesetzt. Die violette Farbe ist Heilfarbe für den Ätherkörper und sämtliche neuen Steine der lila Farbe.
Die Seele hat nur ein Verlangen: das Streben nach Vollkommenheit.
Den intensivsten Strom an Lebenskraft erhalten wir über die Silberschnur über das Kronenchakra, mit ersten Station in der Zirbeldrüse, zweiter Station im physischen Herzen. Von hier aus fließt dieser Strom aufwärts über die Hauptlinie der Chakren zur Hypophyse und ergießt sich von hier aus über die Nervenbahnen über den gesamten Körper.

SEELENSPRACHE *** PRANADUSCHE

Legen Sie sich einen rosa Stein auf das Herzchakra und visualisieren Sie den Seelenstrom über das siebte Chakra bis zum Herzchakra. Nach einigen Minuten legen Sie zusätzlich einen grünen Stein auf das Herzchakra, grün ist die Farbe der Heilenden Engel und des Heilenden Strahles. Nun visualisieren Sie den vom Herzen aufsteigenden Strom zum Dritten Auge, von der Hypophyse fühlen Sie sämtliche Nervenbahnen überschwemmt mit heilendem Prana. Diesen Strom und die Vorstellung können Sie mit je einem Bergkristall in der Hand unterstützen, indem Sie die Bergkristalle von der Stirn über den gesamten Körper führen.
Die Harmonie des Ablaufes zwischen Seelenverlangen, Nerven und Denkvermögen ermöglicht den Eintritt in das feinstoffliche Naturreich, Aktivierung der ätherischen Wahrnehmung. Die nahesten Verbündeten über der Schwelle sind die Devas, die direkten Einfluß auf den Ätherkörper haben. Denken Sie daran, wenn Sie sich in der Natur erholen. Sie sind jederzeit bereit, auf höfliche Anfragen und Bitten zu helfen.

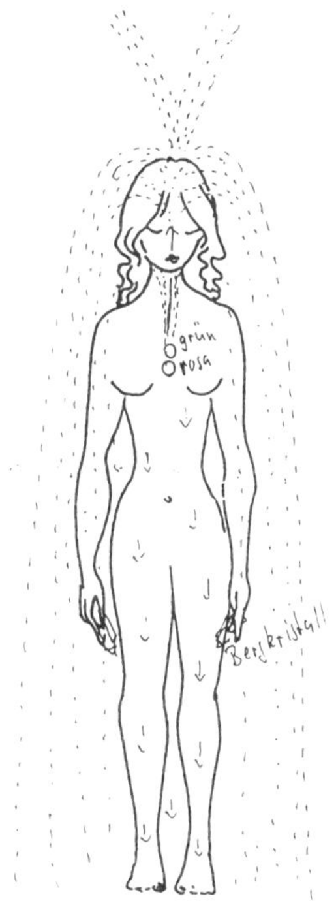

NERVENKRAFT

Legen Sie einen Smaragd über den Scheitel, einen Aquamarin auf den Hals, einen Bergkristall auf die Stirn, und weitere Bergkristalle in einer Reihe rechts und links daneben.
Versuchen Sie mit der Vorstellung das Fließen von der Hypophyse über die Nerven zu verfolgen, indem Sie bewußt einatmen, beim Stillehalten das Einfließen in die Hypophyse erspüren, beim Ausatmen des Überströmen verfolgen und wieder kurz innehalten, um im Stillehalten Prana im ganzen Körper zu spüren. Versuchen Sie, so im Rhytmus zu atmen, daß vier Phasen entstehen.

STERNENKIND

HERZ, KEHLE, STIRN

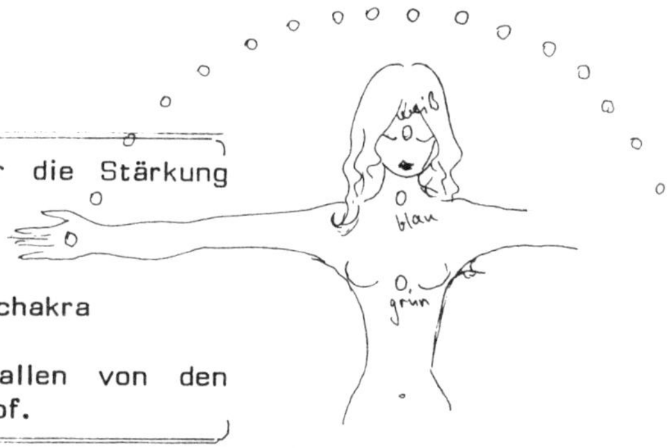

Eine Übung der Entlastung über die Stärkung des Vertrauens
Legen Sie sich
einen grünen Stein - auf das Herz
einen blauen Stein auf das Kehlkopfchakra
einen weißen Stein - auf die Stirn
und einen Bogen aus Bergkristallen von den ausgebreiteten Händen über den Kopf.

ELOHIM

Schutz der Gehirnfunktionen und Innere Sicht

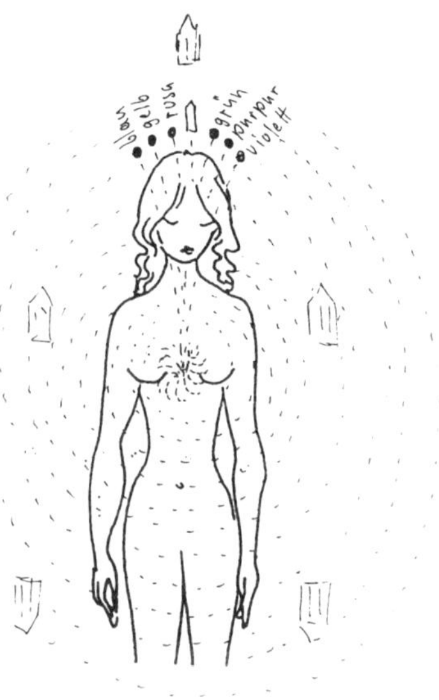

Legen Sie sich in ein Energiefeld aus sechs Bergkristallen oder in ein Ei aus vielen kleinen getrommelten Bergkristallen. Legen Sie sich zusätzlich von rechts nach links eine Krone aus folgenden Farben:
blau, gelb, rosa
Mitte Bergkristall
grün, purpur, violett
Versuchen Sie, mit Ihrer Vorstellung diese sieben Farben zu Ihrem Herzen zu ziehen, die in eine flache Spirale, ähnlich wie ein Windrad, übergehen. Dreht sich die siebenfarbige Spirale vollkommen, dann lassen Sie diese sich in einen bunten Ball aus allen diesen Farben auflösen, dessen Farbpünktchen sich über den ganzen Körper ausbreitet.

CHAKREN ODER DIE SIEBEN ENGERIEZENTREN

Aufgaben der Chakren:
1. Beleben des physischen Körpers mittels Äther oder Prana
2. Entwicklung des Eigenbewußtseins
3. Vermittlung geistiger Energie zum Zweck des Aufstieg oder Kontakt zur Seele

Die Chakren,die uns bekannt sind, sind die Energieräder im Astralkörper. Die Farben sind unterschiedlich und wechseln je nach "Stimmung". Im Ätherkörper ist das Gegenstück zu jedem Energiewirbel gegeben. Die Lebensenergie Prana wird über die Chakren an die Drüsen weitergegeben. Diese sind die Verteilerstation für die umliegenden Organe.
Es ist sinnvoll, über die Pflege der Chakren die Drüsen zu reinigen. Gereinigte Drüsen garantieren Ausgewogenheit. Defizite sind somit nicht möglich. Heilung heißt im eigentlichen Sinne Ausgleich von Harmonien, die aus der Balance gekommen sind.

HARMONISIEREN DER CENTREN UND DRÜSEN

Legen Sie sich Steine in den Regenbogenfarben auf die Chakren:
Von unten nach oben:
Wurzelchakra - rubinrot
Sakralchakra - orange
Milz - gelb
Sonnengeflecht - grün
Herzchakra - rosa
Kehlkopfchakra - hellblau
Stirn - dunkelblau
Scheitelchakra - violett

Oder von oben nach unten:
Scheitel-königsblau-der Wille Gottes
Stirn - grün - Wahrheit
Kehlkopf - rosa - göttliche Liebe - Toleranz
Herz - gelb - Liebe, Weisheit, Friede
Sonnengeflecht - rubinrot - Gnade
Sakral - violett - Transformation
Wurzel - kristallweiß - Reinheit - Aufstieg

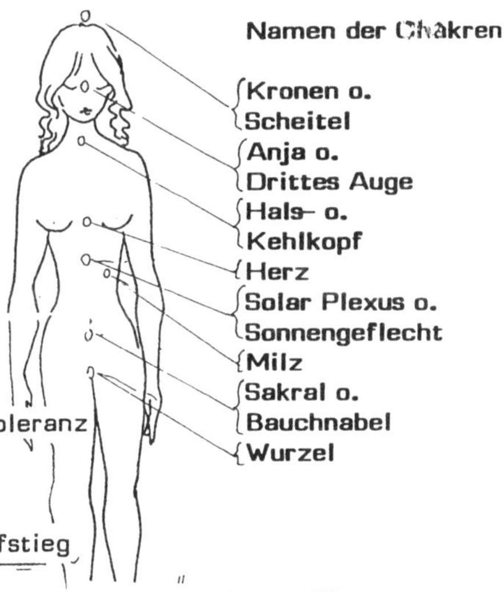

Wenn Sie mit diesen Farben nicht klar kommen, legen Sie sich auf jedes Zentrum einen oder mehrere Bergkristalle oder je einen Streifenachat zur Stärkung, oder je einen Amethyst zur Reinigung und Transformation.
Das Sonnengeflecht hält die Balance der anderen Zentren und gleicht Verwirrung aus. Deshalb braucht besonders dieses Zentrum Schutz und Nahrung. Tragen Sie gelbe, grüne oder rubinrote Steine oder solche, die die weißen Blutkörperchen schützen direkt über dem Magen.

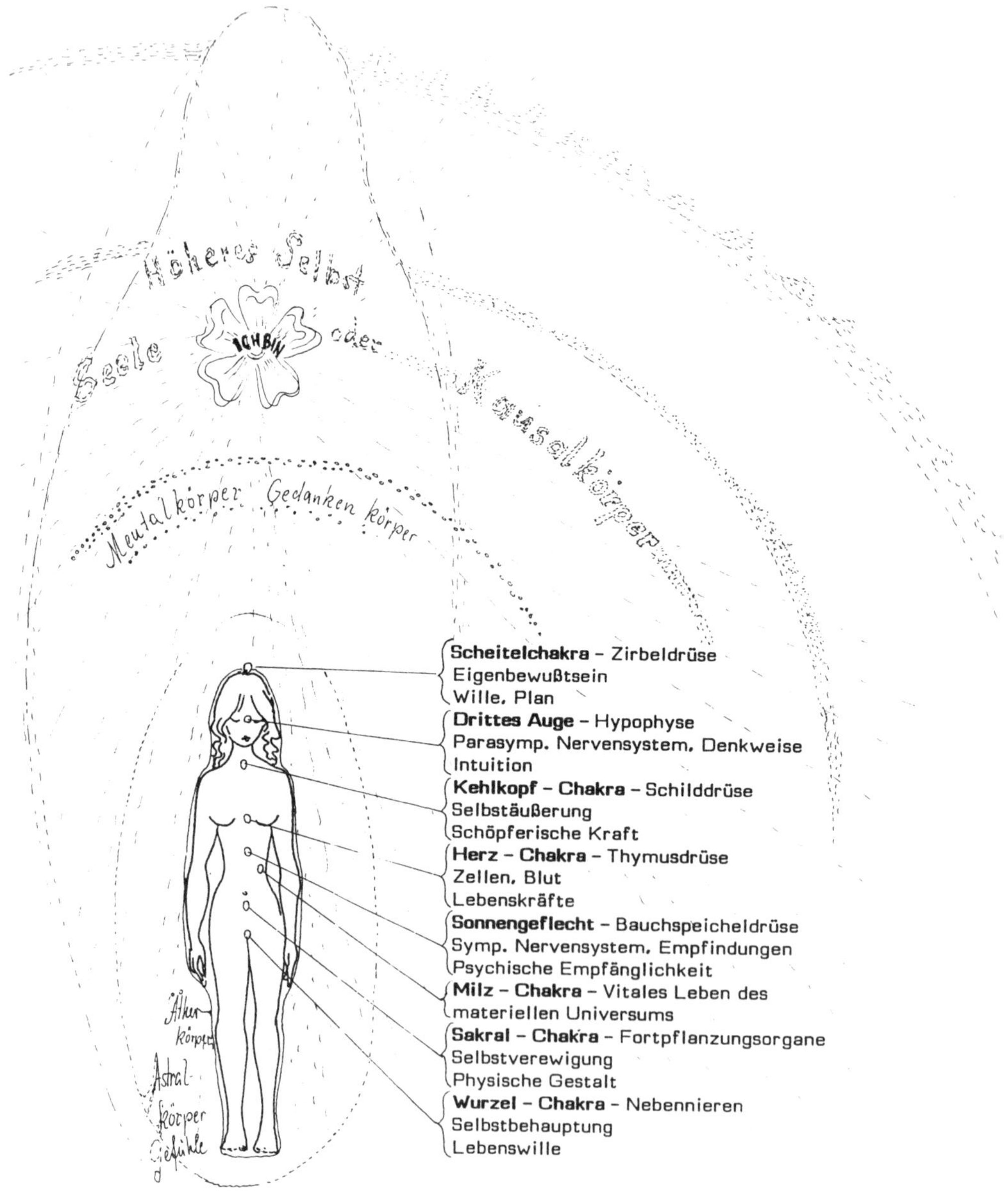
Höheres Selbst
Seele
ICH BIN
oder
Kausalkörper
Mentalkörper
Gedanken körper
Scheitelchakra - Zirbeldrüse
Eigenbewußtsein
Wille, Plan
Drittes Auge - Hypophyse
Parasymp. Nervensystem, Denkweise
Intuition
Kehlkopf - Chakra - Schilddrüse
Selbstäußerung
Schöpferische Kraft
Herz - Chakra - Thymusdrüse
Zellen, Blut
Lebenskräfte
Sonnengeflecht - Bauchspeicheldrüse
Symp. Nervensystem, Empfindungen
Psychische Empfänglichkeit
Milz - Chakra - Vitales Leben des
materiellen Universums
Sakral - Chakra - Fortpflanzungsorgane
Selbstverewigung
Physische Gestalt
Wurzel - Chakra - Nebennieren
Selbstbehauptung
Lebenswille
Äther-
körper
Astral-
körper
Gefühle

UNSERE AURA BESTEHT AUS EINEM SICHTBAREN - 3 FEINSTOFFLICHEN UND 3 GEISTIGEN KÖRPERN

1. Physischer Körper - Gesundheit
2. Ätherkörper - Vitalität und Lebenskraft
3. Astralkörper - Empfindungen, Gefühlswelt
4. Mentalkörper - Gedankenwelt
5. Kausal- oder Seelenkörper - eigentliches Verlangen
6. Höheres Selbst, Ego oder Sonnenengel - Wirkungsbereich des Göttlichen
7. Das eigentliche, göttliche ICH-Bewußtsein, der unsterbliche Geist - SEIN

Die Pflege der 4 "unteren" Körper: sorgfältige Nahrung für den physischen Körper, harmonischer Tagesablauf für den Ätherkörper, beherrschte Gefühle für den Astralkörper, reine Gedanken für den Mentalkörper kommen zusammen dem Verlangen der Seele entgegen und ist somit das einzige Tor zur Unsterblichkeit. Zur Unsterblichkeit gehören ewig junge, energiegeladene, gesunde Körper.

Sämtliche Körper sind Bestandteil des gesamten Weltgeschehens, Teile des Äther-, Mental- und Astralkörpers der Sonnenaura, der Erdaura und der der gesamten Menschheit. D.h. wohl oder übel sind wir eingespannt in den allgemeinen Entwicklungsprozeß des Weltgeschehens.

Diese Tatsache spricht uns nicht frei von der Verantwortung, an sich selbst zu arbeiten. Wir müssen differenzieren lernen. Welche meiner Gefühle unterstehen der Illusion anderer, welche Gedanken sind aufgefangen, welche sind meine eigenen, welche Schwächegefühle sind die der Planeteneinflüsse, Umweltverschmutzung und welche sind durch mich bedingt.
So wie wir beeinflußbar sind, macht sich der Einsatz des Einzelnen im Ganzen bemerkbar und hier liegt auch unsere Verantwortung.

Jeder Einzelne ist ein Saiteninstrument des großen Spieles, in dem alle Töne des Universums spielbar sind. Es liegt an jedem einzelnen, welche Saite er zum Klingen bringt.

Der Ätherkörper ist dem Hellsichtigen sichtbar wie ein mehrfarbiges Aderngespinst. Der Astralkörper verströmt und wechselt die Farben nach Stimmungen und Eindrücken und ist eiförmig. Der Mentalkörper gewöhnlich einfarbig weißlich und kann sich nach jeder Form ausdehnen. Der Kausalkörper strahlt von innen heraus die Regenbogenfarben. Das Höhere Selbst wird oft als über dem Menschen schwebender Schutzengel gesehen. Der Geist, das unsterbliche Ich ist tief verborgen in dem Seelenkörper. Das Resonanzgegenstück ist in unserem eigenen Herzen. Es wird der Christusfunke genannt, ist physisch wirklich vorhanden, ca. 1,8 mm groß und 96 Grad heiß.

DIE ZIRBELDRÜSE ODER EPIPHYSE

Sie wird als der Sitz der Seele bezeichnet. Laut Schulmedizin wird sie als die verantwortliche Drüse für die Bildung der Keimdrüsen genannt. Dieser Prozeß dauert bis zum 8. Lebensjahr. Von da an bildet sie sich gewöhnlich wieder zurück.
Im feinstofflichen Bereich jedoch ist die Epiphyse das Schöpferzentrum, die Stelle der intuitiven Wahrnehmung und der Impulse für den Idealismus. Denn das Ziel der Seele ist die Verwirklichung des göttlichen Planes auf der physischen Ebene.
Im Ätheranteil der Epiphyse ist das Umfeld und Wirkungsbereich des Höheren Bewußtseins. Hier ist die erste Verteilerstation des Lebensfadens, auch Silberschnur genannt. Diese ist die Verbindung der Seele zum Körper, durch die, wie es heißt, Gott Seinen Odem hauchte. Eine starke Epiphyse regt die Zellwesen der Hypophyse an und aktiviert somit das konkrete Denkvermögen, um den Plan, mit Seele und Körper in Einheit zu wachsen, verwirklichen zu können.

DER LEBENSFADEN ODER DIE SILBERSCHNUR

Dieser besteht aus zwei Energieformen: der geistigen, schöpferischen von Vater-Mutter-Gott aus der Sphäre der Urbilder, zweitens als die Empfindungsenergie, die Bewußtseinsfähigkeit aus dem Herzen unserer Sonne.
Diese doppelte Energieform verankert sich als Nervenenergie in der Zirbeldrüse und als Lebensenergie im Herzen.
Prana ist die Lebens- und Vitalkraft, die jeder Materie innewohnt. Prana kommt über die Lichtphotonen aus dem physischen Anteil unserer Sonne.

DIE PSYCHE

ist tatsächlich der Seelen- oder Kausalkörper. Die Krankheit jedoch liegt nicht im Seelenkörper. Dieser bleibt für das sog. Negative unserer Welt der Formen unerreichbar rein. Was "seelisch krank macht" ist die Umschreibung für die Tatsache, daß ein verneinender Denkkörper, ein verwirrter Emotionalkörper, und geschwächter Ätherkörper und ein kranker physischer Körper die Verwirklichung des Seelenverlangens - die Einheit mit der Schöpfung auf dieser Erde - verhindert. Das Gefühl des Alleinseins und des Abgetrenntseins ist die eigentliche Ursache.

DAS UNBEWUSSTE

gibt es gar nicht. Es ist eine Erfindung der Gegenkräfte und zu vergleichen mit dem Goldenen Kalb. Anstatt Fragen nach der Ursache vertrauensvoll an die richtige Adresse zu schicken, um zu gegebener Zeit die Antwort und damit die Möglichkeit zur Auflösung zu bekommen, nähren wir mit dem Umgang des "Unbewußten" das Nichtwissen. Wissen ist die Lösung. Wie kann man jemals wissen, wenn wir alles ins Unbewußte abschieben? Im eigenen Ätherkörper ist jede Kleinigkeit unseres Lebens gespeichert, nicht irgendwo, sondern Ihnen tatsächlich auf die Haut geschrieben. Die "guten Taten" jedoch, unsere Bemühungen um ein besseres Leben für sich und andere stärkt als farbiger, lichtvoller Energiezuwachs den Seelenkörper. Dies kommt uns als Seelenkraft, als Hüter über unserem Erdenleben wieder zugute. Das Leben ist ein Zauberkreis von Ursache und Wirkung, ein Märchenland aus unseren Taten.

DIE HAUPTSTEUERUMSCHALTSTELLE - DAS GEHIRN

Zusammen mit dem Rückenmark bildet das Gehirn das Zentralnervensystem. Hier ist die Steuerzentrale für Sinneseindrücke, für willkürliche und unwillkürliche Handlungen. Das Gehirn vermittelt die Antworten auf Reize der Umwelt und die Zusammenarbeit der einzelnen Körperorgane.
Das Großhirn besteht aus zwei stark gefurchten Halbteilen, die durch einen dicken Nervenstrang verbunden sind. Der oberflächliche Teil ist die etwa 3 mm dicke und runde 14 Milliarden Nervenzellen enthaltende Großhirnrinde. Von hier aus werden aus dem Ätherkörper die Erfahrungen abgerufen. Ein gesundes Großhirn garantiert für Gedächtnis, Bewußtsein, Intelligenz und Lernfähigkeit.
Das Kleinhirn ist u.a. für den richtigen Ablauf aller Körperbewegungen verantwortlich, außerdem ermöglicht es die Orientierung im Raum.
Zum Zwischenhirn gehören Thalamus und Hypothalamus. Der Thalamus ist u.a. die Schaltstelle zwischen Peripherie und Großhirn. Der Hypothalamus ist das Steuerzentrum für vegetative Funktionen. Der Hirnstamm ist Steuerzentrum für Atmung und Blutkreislauf. Über den Hirnstamm erstreckt sich die Formatio reticularis, die u.a. den Schlaf-Wach-Rhytmus steuert. Im verlängerten Mark, das in das Rückenmark übergeht, liegen Steuerzentren für automatische Vorgänge wie Herzschlag und Stoffwechsel und das Reflexzentrum für Kauen und Schlucken sowie für Schutzreflexe.
Die rechte Gehirnhälfte steuert die linke Körperseite, sowie alle weiblichen Eigenschaften. Die linke Gehirnhälfte steuert die rechte Körperseite und sämtliche männlichen Eigenschaften.
Das Gehirn ist sehr empfindlich und hat als Steuerhauptzentrale Zugang zu allen Winkeln unseres Seins.

AKTIVIERUNGS MASSAGE

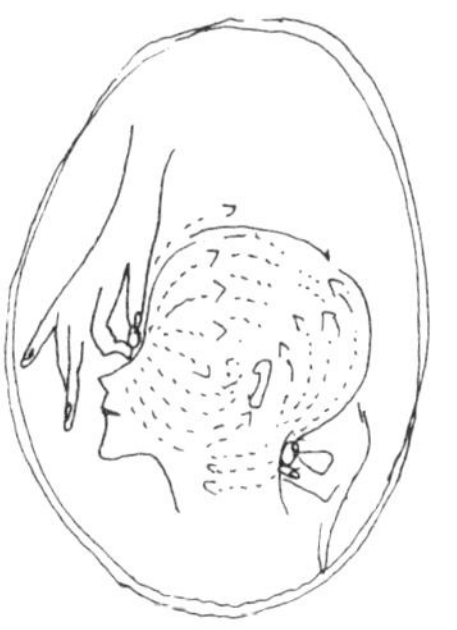

Deshalb können Sie von hier aus auch Ihr gesamtes Wohlbefinden steigern. Massieren Sie den Kopf von der Mitte der Augenbrauen nach außen und von dem letzten Wirbel aus nach außen mit einem weißen Achat oder Milchquarz (sehr milchiger Bergkristall). Wenn Sie ein Zentrum direkt beeinflussen wollen, dann nehmen Sie den entsprechenden Stein laut den Übersichten von Seite an. Massieren Sie jedoch auf keinen Fall den ganzen Kopf mit einem ix-beliebigen Stein.

GEHIRNSTEUERZENTREN

1. Sinnliche, geschlechtliche Liebe, Wunsch nach Ehe
2. Eheliche Liebe zu Familie und Lebenspartner
3. Liebe zu Kindern und Tieren
4. Nächstenliebe, Freundschaften, Geselligkeit
5. Häuslichkeit, Liebe zur Heimat und Vaterland
6. Zähigkeit, Konzentration, Sinn für Continuität
7. Liebe zum Leben, Furcht vor dem Tod
8. Kampflust, Widerstand, Verteidigung, Mut, Oppositionsgeist
9. Zerstörungstrieb, Gewalt, Zorn, Strenge
10. Nahrungstrieb, Appetit, Hunger, Liebe zu Gelüsten
11. Besitztrieb, Reichtum, Sparsamkeit, Hamstern
12. Verschwiegenheit, Reserviertheit, Verbergen wahrer Gefühle
13. Vorsicht, Umsicht, Sorgfalt, Behutsamkeit
14. Geltungstrieb, Ruhmsucht, Ehrgeiz, Gefallsucht
15. Selbstvertrauen, Selbstachtung, Unabhängigkeit, Stolz, Würde
16. Standhaftigkeit, Entscheidungskraft, Ausdauer, Willenskraft
17. Gewissenhaftigkeit, Gerechtigkeitssinn, Anständigkeit, Sauberkeit
18. Hoffnung, Optimismus, Vorfreude, Erwartung
19. Glaube, Intuition
20. Verehrung, Hingabe, Ergebenheit, Respekt
21. Wohlwollen, Güte, Freundlichkeit, Mitleid, Sympathie
22. Schaffensdrang, Erfindergabe, Aufbaufreude, Findigkeit
23. Idealismus, Geschmack, Reinheit
24. Sinn für Erhabenes, Begeisterungsfähigkeit
25. Nachahmungssinn
26. Frohsinn, Humor, Witz, Erfassen absurder Situationen
27. Individualität, Beobachtungsgabe, Gründlichkeit
28. Formensinn, Gedächtnis für Formen und Gesichter
29. Größenverhältnis, Augenmaß für Entfernung, Höhe, Gewicht
30. Gewichtssinn, Gleichgewichtssinn, Beurteilung von Widerstandkraft, Schwerkraft etc.
31. Farbensinn, Farbtöne und Schattierungen
32. Ortssinn Sinn für Systematik, Methode, Ordnung
33. Zahlensinn, Talent für Kopfrechnen
34. Ortssinn, Gedächtnis für Wege und Lage von Dingen
35. Gedächtnis für Tatsachen und Umstände
36. Zeitsinn, Pünktlichkeit
37. Musikalität, Sinn und Gedächtnis für Harmonie und Melodien
38. Sprachsinn, Gedächtnis für Wörter und Symbole, Ausdruck
39. Sinn für Kausalität, Neigung zu Ursache und Wirkung, Forschergeist, Originalität
40. Vergleichsvermögen, Beurteilung, Vernunft, Schlußfolgerungen
41. Einfühlungsgabe, Naturempfinden, Menschenkenntnis
42. Anpassungsfähigkeit, Liebenswürdigkeit, Überzeugungskraft, Verbindlichkeit

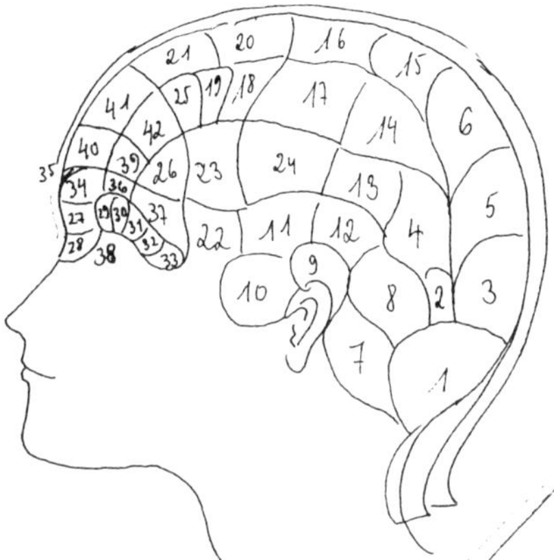

Massieren Sie mit dem entsprechenden Stein

Siehe genaue Bedeutung Seite 20

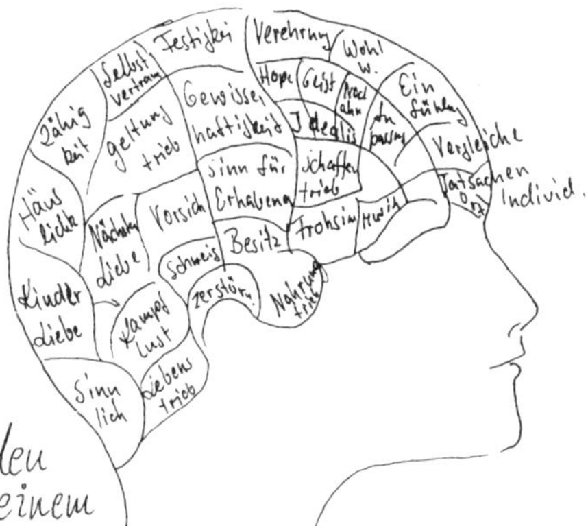

Massieren Sie den ganzen Kopf mit einem Milchquarz und legen Sie anschließend einen „Heiligenschein" aus Citrinen um Ihren Kopf

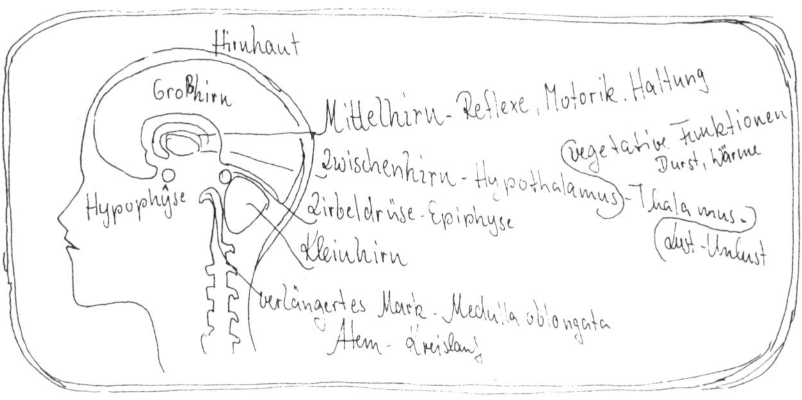

DIE WIRBELSÄULE UND DIE STEUERUNTERZENTREN

Lassen Sie sich die Seiten der Wirbelsäule "punktieren" mit einer Bergkristallspitze mindestens 3 x von unten nach oben kurz "antupfen". Wenn Sie keinen Partner haben, dann legen Sie sich eine zweispurige Straße aus Bergkristallen, auf die Sie sich legen. Nehmen Sie kleine, getrommelte Steine.

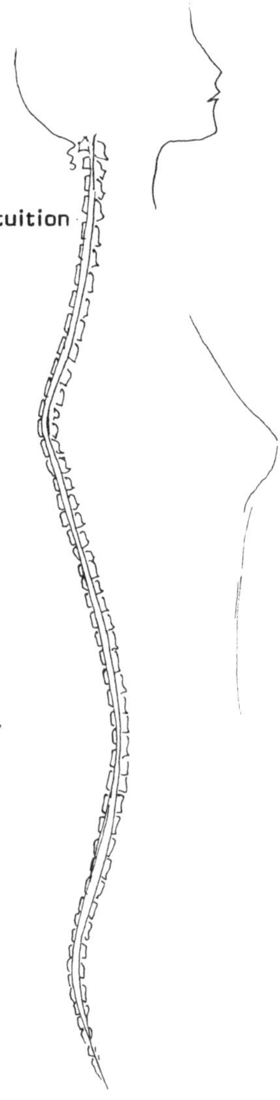

LEGEMUSTER - ENERIEFELDER

Für beide Fälle empfehle ich Ihnen, die Übung täglich 20 Minuten lang zu machen, bis die Symptome verschwunden sind.
Machen Sie nach Gesundung etwa 10 Tage Pause, von da an können Sie einen der Steine als Handstein zum Vorbeugen mit sich tragen.
Vermeiden Sie Überdosierung und vermeiden Sie verfrühten Abbruch.
Stehen eine oder mehrere Leiden miteinander in Beziehung, so wählen Sie die Übung, die der Ursache am nächsten kommt. Oder combinieren Sie beide Übungen, soweit es möglich ist, in einer täglichen Übung. Andernfalls machen Sie eine der Übungen morgens, die andere abends.
Lassen Sie sich nicht von irgendetwas, wie Musik, ablenken, sondern beobachten Sie genau die Regungen in Ihrem Körper und beschäftigen Sie sich gedanklich nur mit der Lösung des Problemes, dabei immer die Körperreaktionen beachten.

MASSAGEN

Massagen mit sanften Steinen wie - Amethyst, Milchquarz, weißem Achat, unklaren Bergkristallen können Sie unbedenklich lange machen. Im Gegenteil, eine Ganzkörpermassage sollte etwa eine Stunde dauern.

MASSAGE VON AKUPUNKTURPUNKTEN

Hier sollten Sie etwas vorsichtig sein - der eigentliche Punkt sollte nicht länger als 3 Minuten massiert werden, d.h. inclusive Umfeld können Sie zwischen 10 und 20 Minuten massieren, dafür aber täglich, bei argen Beschwerden 3 x täglich und regelmäßig!!

ELIXIERE

Stein mindestens 1 Stunde, jedoch unbedenklich lange in ein Glas Wasser legen, wenn Sie mit Steinen baden möchten, dann sollten Sie auch mindestens eine Stunde baden.

ANHÄNGER UND TALISMAN UND HANDSTEIN

Solange Sie Beschwerden haben, sollte der Stein in allen Fällen und auf alle Fälle täglich gereinigt werden und nachts etvl. nicht getragen werden. Legen Sie ihn stattdessen in Wasser. Entscheiden Sie in diesem Fall nach der Erwärmung des Steines: wenn Sie ihn tragen und er wird kalt, dann legen Sie ihn ab. Gewöhnlich wird ein Stein nach 5 Minuten tragen warm bis heiß, es kann aber auch 30 - 40 Minuten dauern, bis er reagiert.

STEINE KÖNNEN SEHR SCHNELL HELFEN, aber wie das bei homöopathischen Mitteln manchmal der Fall ist, bringt nur continuierliche Arbeit den Erfolg. Erwarten Sie Wunder, aber wenn keines passiert, dann braucht es entweder Geduld oder eine andere Therapie.

AUSWAHL

So viele Steine, so viele Möglichkeiten, so viel Geld und so viel Verwirrung? Wenn Sie gesund sind, können Sie sich auf Bergkristalle beschränken. Machen Sie täglich eine Akupunktmassage der Wirbelsäule und die Aktivierungsmassage auf Seite 19. Wenn Sie die emotionale Ursache Ihrer körperlichen Leiden kennen, dann ziehen Sie eine Behandlung über die Emotionen vor. Hierbei kann Ihnen eine wunderschöne Broschüre helfen von L. Hay: HEILE DEINEN KÖRPER, DM 12, Verlag Alf Lüchow. Hier einige Beispiele:
Blasenprobleme - Ängstlichkeit, Furcht loszulassen, sich an alten Ideen anklammern - Magen - enthält die Nahrung, verdaut die Umwelt - Rücken - steht für Unterstützung im Leben - steifer Nacken - unbeugsam, hartnäckig usw.

AKUPUNKTMASSAGE

siehe auf der vorhergehenden Seite unter Massage von .... Wegen des Streueffektes, der Strahlkraft der Steine und dem Magnetismus der Punkte ist es nicht so wichtig, den Punkt genau zu treffen.

REINIGEN

Die natürlichste Art ist tiefenreinigen unter fließendem Wasser, 10 Minuten lang. Aufbewahren? hierüber gibt es viele Meinungen. Behandeln Sie die Steine wie Sie Freunde behandeln würden. Gestehen Sie ihnen einen Platz zu, der Ihnen gefällt. Wenn Sie beides verbinden wollen, reinigen und aufbewahren, dann bilden Sie ein Mandala aus den Steinen. Ordnen Sie sie so an, daß es Ihnen gefällt, als Symbol, als Bild, in der Reihe, als Kreis, wie auch immer gerade Ihre Stimmung ist. Damit bilden Sie ein Energiefeld, in dem die Steine sich selbst reinigen. Gezielte Energiefelder sind Bergkristalle, die Sie als Vier- oder Sechseck oder Kreis legen und die bunten Steine dazwischen.
Oder legen Sie sich eine Spirale aus Amethysten und dazwischen die anderen Steine. Der Amethyst ist der Transformatorstein des siebten Zeitalters. Er hat die Schwingung und damit die ständige Verbindung des Erzengels Zadkiel des Neuen Zeitalters, welches Transformation als stärkstes Anliegen hat. Die Transformation geschieht in Spiralenform.

EMOTIONALE ZUORDNUNGEN

ALPTRÄUME - Amethyst, Chalzedon, Flint-Feuerstein, Granat, Koralle, Kunzit

Pressen Sie sich je einen der Steine 10 Minuten vor dem Schlafen mit der Zunge an den Gaumen; im Sitzen, damit Sie den Stein nicht verschlucken. Legen Sie sich ein Amethyst-Dreieck unter das Kopfkissen:je einen etwa 15 cm neben jedes Ohr, den größten der drei Steine legen Sie sich über den Kopf. Hier entsteht ein holografisches Dreieck, welches vor Fremdeinwirkungen schützt und eigene Gedankenkräfte transformiert.

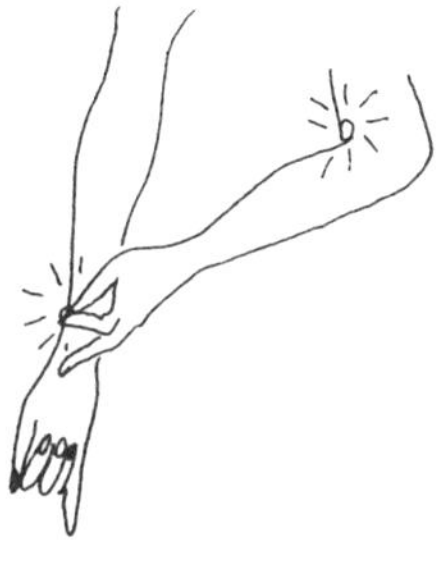

Alle anderen Steine können Sie als Akupressurstein an folgenden Punkten verwenden: GA 44, Mi 5 - leicht massieren nicht pressen.

ÄRGER - Elfenbein, Granat, Gold, roter Jaspis, Lapislazuli, Lepidolith, Rosenquarz, Rubellit, Rubin, Spinell, Topas

Halten Sie sich je einen Rosenquarz auf die Punkte über dem Mund, besser noch in den Mund zwischen Kiefer und Oberlippe. Legen sie sich zusätzlich je einen roten Jaspis und einen Rosenquarz unter den Rücken, einen Rubellit auf die Vorderseite, entweder auf das Sonnengeflecht, Herz- oder Kehlkopfchakra. Machen Sie diese Entspannung im Liegen täglich 20 Minuten lang, bis die Aura völlig entspannt ist. Beobachten Sie Ihren Körper und jede Körperregung. Haben Sie den Mut, Steine dorthin zu legen, wo Sie Entspannung brauchen. Beobachten Sie Ihre Gedanken und nehmen Sie diese ernst, wenn sie die Ursache Ihres Ärgers sind. Lesen Sie aufmerksam Kapitel 4 aus "Stärke Deine Lebenskraft".

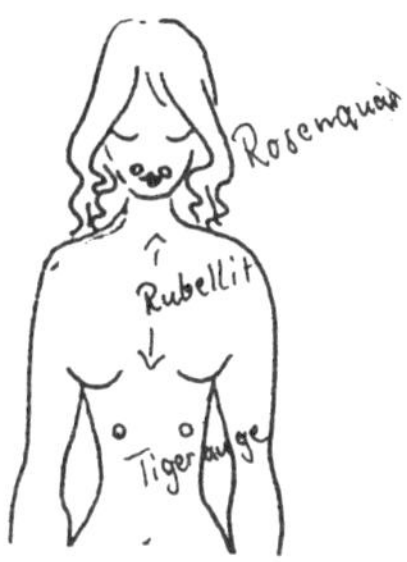

Bei Leberschäden - Folgeerscheinungen Ihres Grimmes, legen Sie sich zusätzlich je ein Tigerauge in den Rippenbogen.

Alle anderen Steine können Sie als Talisman Handschmeichler oder Anhänger tragen.

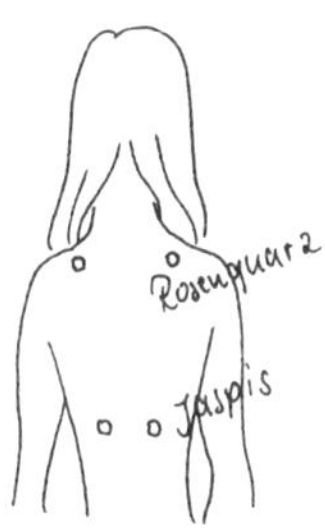

Massieren Sie sich hinter dem Ohr, dort ist die Steuerzentrale für Gewalt, Zorn, Strenge, Kampflust und Zerstörungswut. Die Steinmassage wirkt ausgleichend, denn wir brauchen zum Überleben ein gesundes Wutempfinden.

ANGST - Charoit, Chrysokoll, Lepidolith, Pyrit, Sarder, Sodalit, schwarzer Turmalin

Tragen Sie einen der Steine als Anhänger über dem Sonnengeflecht oder so nah als möglich unter dem Kehlkopf. Entscheiden sie sich für die Stelle, die Ihnen wirklich gut tut oder an der sich die Angst bemerkbar macht.

Alternative: Legen Sie sich täglich auf o.g. Stelle einen kleinen Kreis aus einem der genannten Steine.

Der Akupressurpunkt für Angst - DE 5 - ist hinter dem Ohr. Massieren Sie hier täglich ca. 3 Minuten, leicht und ohne Druck mit einem der Steine, bis die Angstgefühle aufhören.

ANTRIEB - Heliotrop, Carneol, Rhodochrosit

Legen Sie je einen der o.g. Steine täglich auf den Bauch unterhalb des Bauchnabels, auf das Sonnengeflecht und Herzchakra, sowie einen unter das Steißbein. Anschließend massieren Sie Ihre Fußsohle, insbesondere die Sohlenmitte mit einem der Steine.

APATHIE - Bandachat, Marmor, Onyx, rotschimmernder Opal

Legen Sie täglich je einen Bandachat 20 Minuten auf jedes Chakra und je einen unter oder in jede Achselhöhle.

Den Onyx oder den Opal können Sie als Anhänger - Talisman tragen oder als Handstein.

APPETIT - Topas

als Anhänger kurz über dem Sonnengeflecht tragen oder pressen Sie mit dem Daumen! den Topas täglich 3 Minuten unter das Kinn.

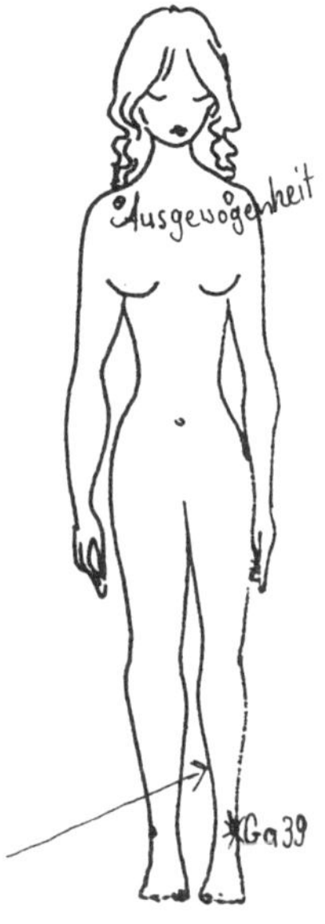

AUFMERKSAMKEIT - Rhodochrosit, tägliche Massage um die Augen. Akupunkturpunkt ist Ga 39, kurz vor und über dem Knöchel außen.

AUSDRUCK - Apatit, Aquamarin, Bergkristall, Jade, Jaspis, Lapis-lazuli, Magnetit, Malachit, Nephrit, Rosenquarz, Rhyolith, Smaragd, Saphir, Sardonyx, Silber, Turmalin

Tragen Sie einen der Steine als Anhänger so nah als möglich am Kehlkopf oder als Talisman - Handstein.

AUSGEWOGENHEIT - Chrysolith, Diamant, Diopsid, Herkimer, Jade, Koralle, Malachit, Milchquarz, Onyx, Smaragd

Legen Sie je einen der o.g. Steine in die Kuhle Ihrer Schultervorderfront und massieren Sie den Punkt am Unterbein.

BEHUTSAMKEIT - Chrysopras, Heliotrop
Massieren Sie täglich 3 Minuten das "Goldene Tor" und ca. 8 cm über dem Ohr mit einem der Steine.

BERUHIGUNG - Beryll, Mondstein
Legen Sie einen der Steine täglich 20 Minuten 2 cm unterhalb des Bauchnabels und je einen in die Kuhle auf dem Rist Ihrer Füße Akupunkturpunkt M 42.

BEZIEHUNGEN - Flint-Feuerstein, Gold, Onyx, Rubin, Sardonyx, Smaragd, grüner und rosa Turmalin
Massieren Sie mit einem der Steine den Kopf in sanften Kreisen, insbesondere die angebenen Zonen. Hier liegen die Gehirnsteuerzentren für Einfühlungsvermögen, Geselligkeit, Nächstenliebe.

BEZIEHUNGSÄNGSTE - je einen Rhodochrosit täglich in die Achselhöhlen.

BESESSENHEIT - Chrysopras
Legen Sie sich drei Chrysoprase unter das Kopfkissen, den größten ca. 15 cm über den Kopf, je einen ca. 15 cm neben die Ohren. Tagsüber sollten Sie einen Chrysopras nahe dem Kehlkopfchakra tragen und täglich 3 Minuten direkt unter dem Ohr und auf der Mitte Oberarm massieren. Akupunkturpunkte Di 13 und DE 17.

BLOCKADEN - Jade
Jade auf die Blockaden legen oder sanft und ohne Druck massieren.

DEMUT - Legen Sie sich täglich einen Sardonyx für 10 Minuten auf die Stirn

DEPRESSIONEN - Azurit, Chalzedon, Chrysolith, Granat, Gold, Lapislazuli, Magnesit, Moosachat, weiß-roter Opal, Pyrit, Rauchquarz, Rutilquarz, Rubin, Saphir, Spinell, Topas
Legen Sie sich täglich 20 Minuten in ein Energiefeld aus 6 Bergkristallen. Achten Sie darauf, daß die inneren Vier ein Quadrat ergeben. Legen Sie zusätzlich einen der o.g. Steine eng an die Ellenbogen, rechts und links auf den Rippenbogen und zwei zwischen die Beine, ca. 3 cm über den Knöcheln. Massieren Sie anschließend diese Knöchelpunkte sowie die Punkte über dem Ohr mit einem der Steine in sanften Kreisen ohne Druck. Zusätzlicher Akupunkturpunkt Lu 3.

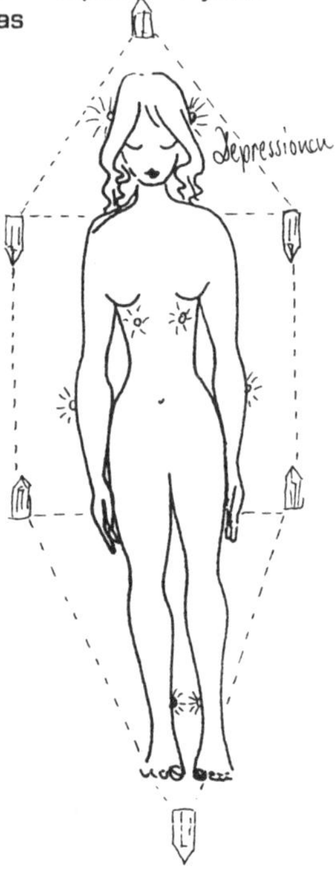

DISKRIMINIERUNG - stärken Sie Ihre Abwehr mit einem Feuerachat, den Sie möglichst auf dem Sonnengeflecht hängend tragen.

DISZIPLIN - Azurit-Malachit, Dolomit, Elfenbein, Lapislazuli, Muscheln
Massieren Sie sich täglich mit einem der o.g. Steine ca. 1 cm unterhalb des Ellenbogens.

EIFERSUCHT - Diamant
Machen Sie sich ein Elixier mit einem Diamanten und trinken es täglich.

EGO - Gold, Rhodochrosit
Ob zu viel oder zu wenig, balancieren Sie es mit einem Goldring am Mittelfinger oder einem Handstein aus Rhodochrosit aus.

EKZENTRIK - Bernstein, Gold, Opal
Tragen Sie einen Talisman als Anhänger oder massieren Sie sich täglich mit einem Handstein den Hinterkopf.

EMPFINDSAMKEIT - Bergkristall, Chrysopras, Rauchquarz
Balancieren Sie Ihre Empfindsamkeit, indem Sie mehrere Steine auf die weichen Teile Ihrer Lenden legen.

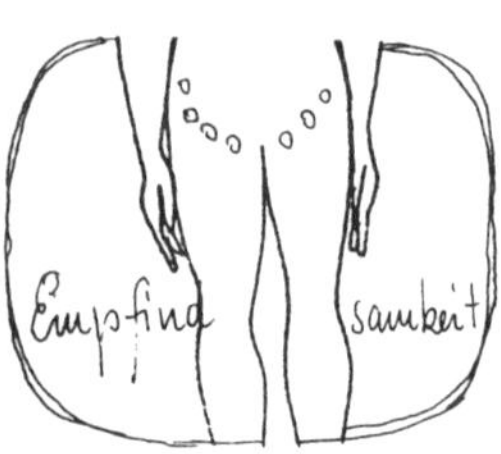

EMPFÄNGLICHKEIT - Beryll
Tragen Sie einen Beryll-Anhänger zwischen Sonnengeflecht und Herzchakra.

ENTTÄUSCHUNG - Gold, Elfenbein, Pyrit
Legen Sie sich einen Gegenstand aus Gold (Kette, Ring etc.) oder einen Pyrit täglich 20 Minuten auf das Sonnengeflecht oder tragen Sie einen Elfenbeinanhänger mit Goldkette über der gleichen Stelle.

ENTSCHEIDUNGSSCHWIERIGKEITEN - Azurit, Bernstein, Rubin, Safir
Legen Sie sich den Safir auf die Stirn "Idee" - den Azurit auf das Kehlkopfzentrum "der Idee Ausdruck verleihen" - den Bernstein auf das Sonnengeflecht "Planung der Ausführung" - den Rubin auf das Sakralzentrum "den Plan in die Tat umsetzen". Diese Aktivierung der zuständigen Zentren in der richtigen Reihenfolge hilft Ihnen, Entscheidungen zu treffen. Beobachten Sie Ihre Körperreaktionen und stellen sie sie in Beziehung zu der Lösung Ihrer Entscheidungen.

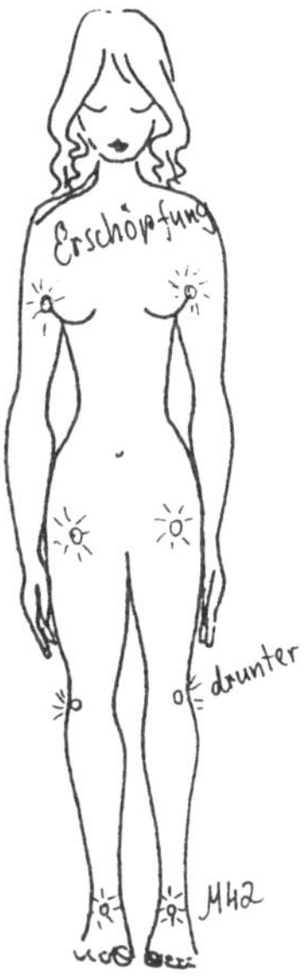

ERSCHÖPFUNG - Rosenquarz, Chiastolith - Kreuzstein, Topas
Legen Sie sich in ein Energiefeld aus 6 oder 12 Bergkristallen.
Oder legen Sie auf folgende Punkte je einen Chiastolith: Achselhöhlen, Lenden, Kniekehlen, Kuhle Rist. M42
Oder massieren Sie den Energiepunkt an den Händen sowie die Punkte in der Kuhle Rist mit einem Topas oder Rosenquarz.
Benutzen Sie die neu gewonnene Energieladung nicht, um sich wieder zu erschöpfen, sondern ruhen Sie sich aus.

ERDUNG - Rauchquarz, Chrysopras, Obsidian
Legen Sie sich einen Doppelender aus Rauchquarz, oder zwei Rauchquarzspitzen so, daß sie einen Doppelender ergeben, zwischen die Füße - während Sie sitzen - oder legen Sie sich einen Rauchquarz, Obsidian oder Schneeflockenobsidian unter die Fußsohlen.
Oder massieren Sie die gesamte Fußsohle mit einem Chrysopras.
Wenn Sie auf der Erde stehen, dann nehmen Sie bewußt die Ströme unter Ihren Fußsohlen wahr, indem Sie die Knie leicht winkeln und das Kinn etwas einziehen. Nutzen Sie dafür jede Gelegenheit, besonders wenn Sie viel Auto fahren oder im ersten Stock oder höher wohnen.

ERINNERUNGSVERMÖGEN - Bernstein, Kunzit, Amethyst
Lassen Sie sich mit einer Stein-Massage die Schultern entspannen. Legen Sie sich anschließend hin mit einem der Steine auf der Stirn und einem unter dem letzten Halswirbel.
Die Erinnerungen sind in unserem Ätherkörper gespeichert. Solange dessen Energiefluß blockiert ist, können Erinnerungen nicht abgerufen werden.

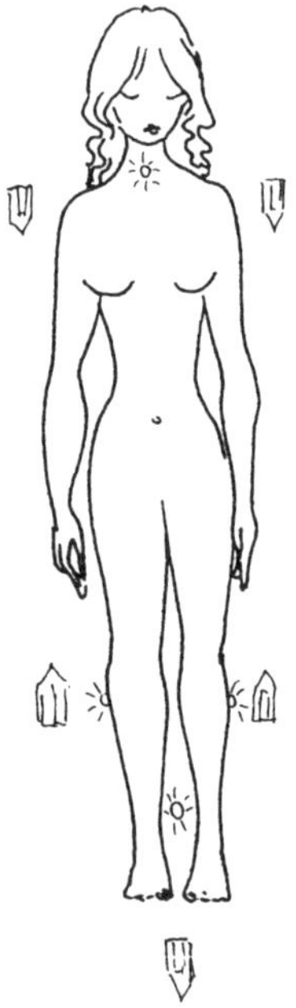

ERREGBARKEIT - Chalcedon, Magnesit
Legen Sie sich in ein Energiefeld aus 6 Bergkristallen. Achten Sie darauf, daß zwei der Kristalle unterhalb der Kniee, zwei direkt neben den Schultern liegen. Legen Sie sich zusätzlich je einen neben und zwischen die Beine (diese Punkte können Sie zusätzlich mit dem Steinen massieren) und ein Stein auf das Halschakra.
Akupunkturpunkte für nervöse Erregbarkeit DE 7, Le 2

FAMILIÄRE PROBLEME - Gold, Jade, Rosenquarz, Smaragd, grüner Turmalin
Legen Sie ein Fünfeck aus einem der Steine unter Ihren Hinterkopf, entspannen Sie 10 Minuten. Nun versuchen Sie, sich mit dem Wesenskern jedes der Familienangehörigen ohne Wertung und Urteil zu verbinden. Mit dem Wesenskern ist der reine Geist gemeint, der keine Meinung vertritt.

Wenn Ihre Familienangehörigen zu einer Aussprache bereit sind, dann setzen Sie sich gemeinsam in ein Fünfeck aus Bergkristallen und besprechen die Probleme. Setzen Sie sich so, daß eine Süd-Nord-Achse durch Sie entsteht. Auf die Weise erhebt sich das gesamte Energieniveau innerhalb dieses Energiefeldes. Da alle Steine zueinander in Beziehung treten, bildet sich ein Pentagramm. Die höchste, d.h. schnellste Schwingung entsteht so in der Mitte und in der Nordspitze. Beachten Sie das, denn auf einem geringerem Energieniveau sind Sie der Verlierer.

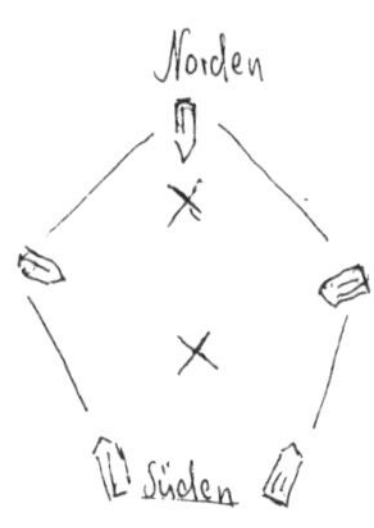

FAULHEIT - Beryll
Tragen Sie einen Anhänger aus Beryll oder machen Sie sich täglich ein Elixier aus Beryll.

FEINDSELIGKEIT – Sardonyx
Tägliche Mundspülung mit einem Elixier von Sardonyx

FRIEDFERTIGKEIT – Jade, Milchquarz
Legen Sie täglich je einen der beiden auf Ihre Augen

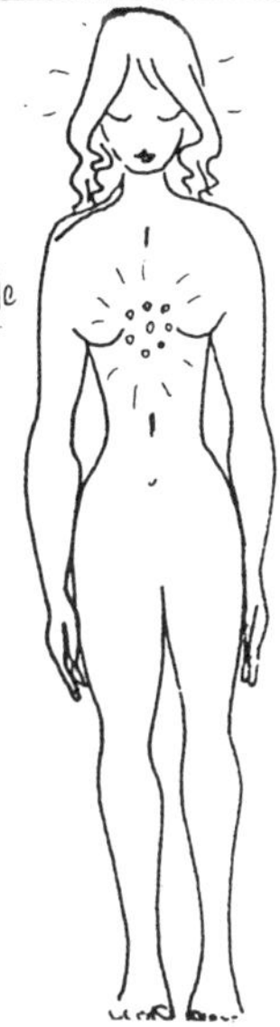

FÜHRUNGSKRAFT – vermittelt der Rubin
Tragen Sie einen Ring oder Handstein aus Rubin

GEWALTLOSIGKEIT – Trinken Sie täglich ein halbes Glas Elixier von Bergkristall

GEDULD – Aventurin, Azurit-Malachit, Peridot

Nehmen Sie täglich einen der Steine für 10 Minuten bewußt in jede Hand

GEFÜHLSKÄLTE – Charoit, Sodalit
Tägliche gesamte Kopfmassage mit einem der Steine, anschließend Entspannung mit zwei Steinen unter dem Rücken in Herzhöhe, jeweils ca. 2 cm neben der Wirbelsäule. Legen sie zusätzlich fünf Rosenquarze rund um das Herzchakra, mit einem Citrin in der Mitte.

GEFÜHLLOSIGKEIT der Haut – Rosenquarz
Massieren Sie Punkt Le 6 täglich mit dem Rosenquarz, in der Mitte des Unterschenkels innen.

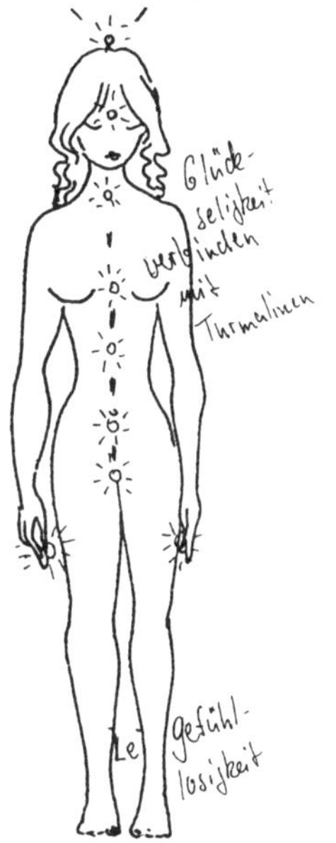

GEIZ – Rubin, Sardonyx
Tragen Sie einen der Steine als Amulett über dem Sonnengeflecht

GLÜCKSELIGKEIT – Bandachat, Aventurin, Chalzedon, Rubin, rot-weißer Opal
Legen Sie täglich auf jedes Chakra einen Bandachat, je einen Aventurin in jede Hand, den Chalzedon auf die Stirn oder den Kehlkopf, den rot-weißen Opal auf das Herz, den Rubin unter das Steißbein. Den Opal können Sie als Anhänger tragen, solange Sie ausgeglichen sind.

GIER – Chrysopras
Gier hat meistens mit Fremdeinwirkung zu tun. Legen Sie sich in ein Dreieck aus Chrysoprasen, 15 cm neben den Ohren, 15 cm über dem Scheitel und ein Stein auf das Sonnengeflecht.

GUTMÜTKIGKEIT – Chalzedon, Chrysokoll
Stabilisieren Sie Ihr Zentrum der Selbstverwirklichung und legen sie sich täglich einen der Steine auf Ihr Kehlkopfchakra.

HALLUZINATIONEN – Landschaftsjaspis
Tragen Sie ein Armband aus Landschaftsjaspis oder machen Sie rund um das Gelenk täglich eine Steinmassage

HARMONIE – Gold, Mondstein, Opal, Perle, Rubin, Rutilquarz, Smaragd, Turmalin grün
Legen Sie sich in ein Sechseck aus Bergkristallen, zusätzlich je einen Rutilquarz auf den Nabel, das Sonnengeflecht und das Herzchakra. Verbinden Sie alle Chakren mit einem grünen Turmalinstab

HYSTERIE – CHAOS – Bergkristall, Chrysopras, Hämatit, Kupfer, Silber
Legen Sie sich in ein Sechseck aus Berg-kristallen, dazu je einen Chrysopras über den Scheitel, auf das Handgelenk und unter die Fußsohle.
Hämatit, Kupfer oder Silber können Sie als Schmuck tragen.
Akupunkturpunkt – Le 2, Verlängerung zwischen großen und Nachbarzeh.

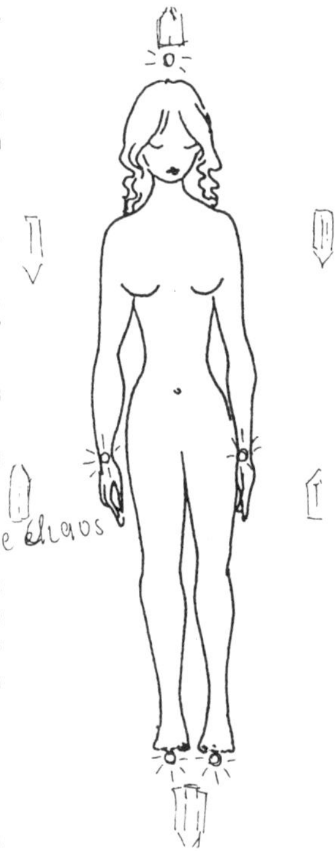

INITIATIVE – Perle, Rubellit
Tragen Sie eine Perlenkette oder den Rubellit als Handstein – Talisman. Oder massieren Sie mit einem der beiden M 42, Kuhle Rist oder den Energiepunkt in der Verlängerung zwischen Daumen und Zeigefinger.

IMPOTENZ – Feuerachat, Chrysopras, Diamant, Gold, Rubellit, Zoisit
Massieren Sie sich täglich den Punkt Le 4 mit einem der Steine, innen neben M 42, der Kuhle Rist. Alternativen siehe Potenzschwäche, Sexuelle Probleme

INTUITION – Amethyst, Cacoxenit, Charoit, Opal, Perle, Rubin, Sardonyx
Legen Sie sich ein Energiefeld aus 6 Bergkristallen, zusätzlich einen Charoit auf das Kehlkopfchakra. Oder verteilen Sie die übrigen Steine intuitiv auf die übrigen Chakren.

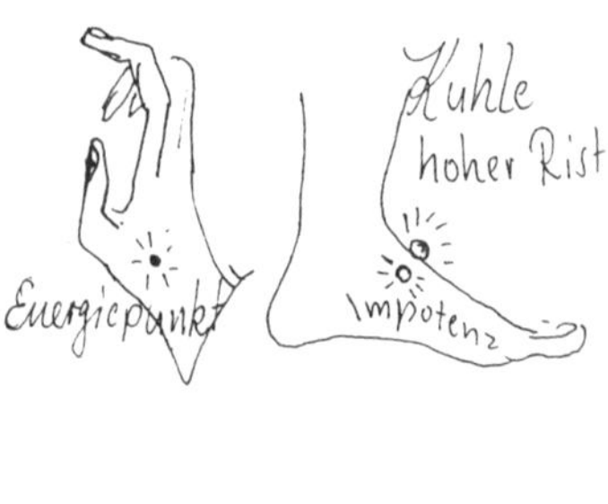

INTROVERTIERTHEIT – Lapislazuli, blauer Turmalin
Spülen Sie sich täglich mit einem Elixier von o.g. Steinen, befeuchten Sie damit Ihr Gesicht und wenn möglich, spülen Sie nach Yogamanier die Nase damit.

INSPIRATION – Rosenquarz, Lapislazuli
Nehmen Sie in jede Hand einen Rosenquarz, legen sich einen Lapislazuli auf die Stirn und entspannen Sie.

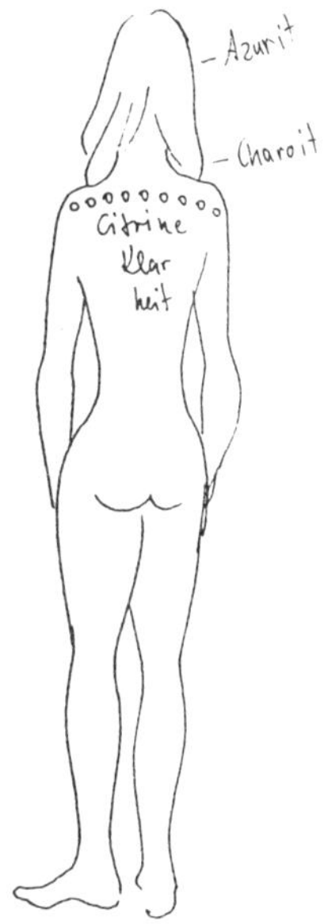

IRRESEIN – Kunzit, Mondstein, Rubin, Smaragd
Massieren Sie mit einem der Steine den Punkt Le. 2 das nächste Glied zwischen großem und zweitem Zeh.

KLARHEIT – Amethyst, Aquamarin, Aventurin, Azurit, Bandachat, Beryll, Chrysopras, Calzit, Chalzedon, Charoit, Citrin, Heliotrop, Lapislazuli Onyx, Opal, Peridot, Rhodochrosit, Rhodonit, Saphir, Rubellit
Legemuster: je einen Bandachat auf jedes Chakra, eine Reihe Citrine von Schulter zu Schulter auf der Rückenseite, ein Charoit auf den Kehlkopf, ein Azurit auf die Stirn.
Alternative: ein Dreieck aus Chrysoprasen um den Kopf, einen Saphir auf die Stirn, je einen Aventurin in jede Hand, einen Rhodochrosit auf das Herzchakra.
Alternative: Kopfmassage mit dem Amethyst, insbesondere die Schläfen.

KONZENTRATION – alle Turmaline, Saphir
Legen Sie sich täglich einen der Steine auf die Stirn. Zusätzlich können Sie einen Ring mit einem der Steine am Ringfinger tragen, oder den Punkt am Finger, DE 2 massieren.

LEIDENSCHAFT – Amethyst, Kunzit, Onyx, Rubin, Topas
Amethyst und Kunzit dämpfen leidenschaftliche Gefühle. Onyx, Rubin und Topas aktivieren sie. Legen Sie den entsprechenden Stein an Ihren Damm und entspannen Sie mit dem Energiefluß

LIEBESFÄHIGKEIT – Amethyst, Apophyllit, Diopsid, Jade, Rubin, Rhyolith
Legen Sie sich in ein Energiefeld aus 6 Bergkristallen, zusätzlich einen der Steine auf das Herzchakra und einen Amethyst auf die Stirn. Beobachten Sie Verspannungen Ihres Körpers und klären Sie die Ursache

LETHARGIE – Achat, Gold, weiß-roter Opal
Jedes dieser Mineralien ist als Talisman – Handstein oder Anhänger geeignet

MANISCH DEPRESSIV – Gold, Kunzit
Beide sind als Anhänger geeignet.
Oder legen Sie sich täglich in ein Energiefeld aus 6 Bergkristallen und einen Kunzit auf die Thymusdrüse. Die Thymusdrüse ist die höchste Stelle des Brustbeines zwischen Herz- und Kehlkopfchakra

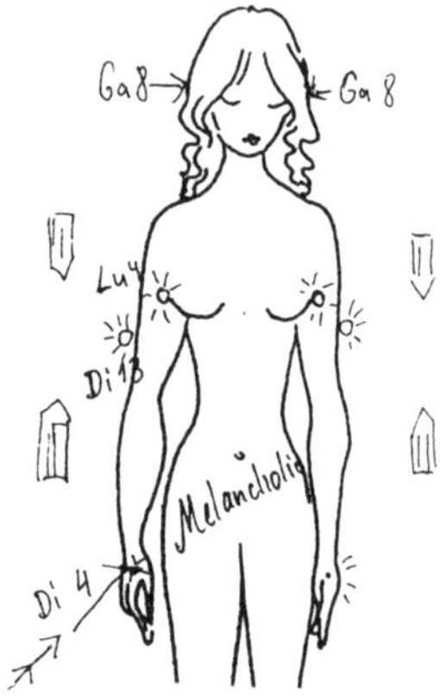

MELANCHOLIE – Onyx, Olivin
Beide sind als Talisman – Anhänger oder Handschmeichler geeignet.
Oder Legen Sie sich in ein Energiefeld aus 6 Bergkristallen und je einen der o.g. Steine auf jede Achsel und neben den Oberarm Mitte.
Zusätzlich können Sie den Energiepunkt an der Hand und über dem Ohr massieren.
Akupressurpunkte: Ga 8, Lu 4, Di 4 und 13

MINDERWERTIGKEITSGEFÜHLE – Gold
Tragen Sie so viel als möglich Goldschmuck

MUT – Achat, Amethyst, Heliotrop, Jade, Sarder, Sardonyx, Sodalit
Tägliche Massage am Hinterkopf, insbesondere die Partie über den Ohren.

MÜDIGKEIT andauernde – Rosenquarz, Chiastolith
Legen Sie sich in ein Energiefeld aus 6 oder 12 Bergkristallen, zusätzlich einen Stein auf das Wurzelchakra, auf das Herzchakra und je einen auf die Schultern, je einen neben jedes Schienbein

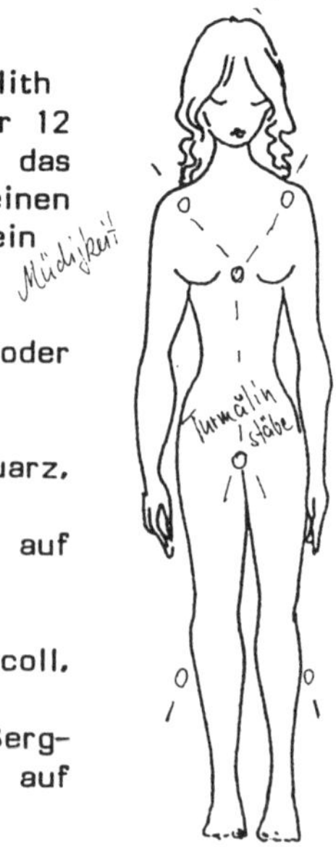

NEID – Labradorit
Geeignet als Talisman – Handschmeichler oder Anhänger direkt über dem Sonnengeflecht

NEGATIVITÄT – Chalzedon Dentridenquarz, Onyx
Legen Sie sich täglich je einen der Steine auf die Vorderseite der Achselhöhlen

NERVENANSPANNUNG – Apatit, Chrysocoll, Diamant, Gold, Magnesit, Opal
Legen Sie sich in ein Energiefeld aus 6 Bergkristallen, zusätzlich drei der o.g. Steine auf

den Rücken in Herzhöhe, über den Scheitel, auf die Füße, auf die Verlängerung der Linie zwischen großen und zweiten Zeh.
Oder massieren Sie mit einem der Steine diese Linie zwischen großen und zweitem Zeh, den Energiepunkt an den Händen und die Schläfen.

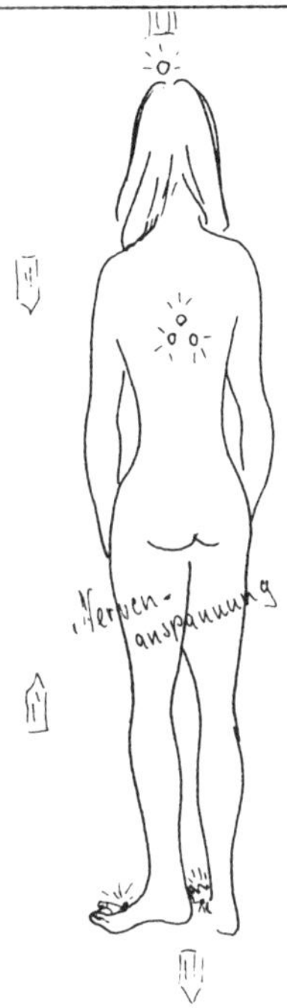

PASSIVITÄT – Meteorit, Rubellit
Beide sind geeignet als Talisman Handstein oder Anhänger

PASSED LIFE RÜCKERINNUNGEN - Baumquarz, Chrysopras, Herkimer, Jade, Jaspis, Meteorit, Petalit
Alle diese Steine sind als Talisman Handstein oder Anhänger geeignet. Tauchen Rückerinnerungen auf, dann legen Sie Ihren Talisman auf die die Erinnerung berührenden Stellen und heilen die Wunden.
Oder legen Sie sich in eines der Legemuster Seite 7 und lassen Sie sich bewußt zurückführen.

PHANTASIE – Chrysopras, Granat, Silber, Spinell
Legen Sie sich täglich auf einen oder mehrere dieser Steine, sodaß sie in Herzhöhe unter Ihrem Rücken liegen

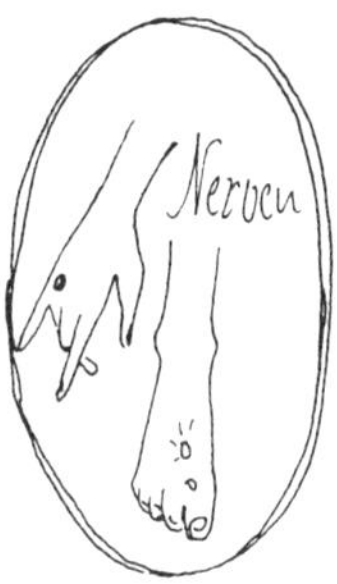

PRIMÄRERLEBNISSE - Rutilquarz, Silber (für Unterdrückung), Diopsid, Labradorit (gegen Schäden aus Mißhandlungen), Mondstein, Perle (bei ungelösten Problemen mit der Mutter), Smaragd, Rubin, grüner Turmalin (bei ungelösten Problemen mit dem Vater
Alle Steine sind als Talisman - Handstein oder Anhänger geeignet. Jedoch lösen die Steine die Probleme nicht, sondern helfen Ihnen, Ihren Emotionalkörper dort zu stärken, wo er geschwächt ist, um Erlebnisse bewußt verarbeiten zu können.
Ganzkörpermassagen können Ihnen Erlebnisse bewußt machen und die Wunden im Ätherkörper heilen

PSYCHOSOMATISCHE KRANKHEITEN - Aventurin, Granat, Gold, Rubellit Legen Sie sich in ein Sechseck aus Bergkristallen. Dann nehmen Sie die drei Steine und ein Schmuckstück aus Gold, führen diese einzeln so lange über Ihren Körper, bis Sie eine Stelle gefunden haben, die Ihnen gut tut.

REIFE - Chrysocoll, Perle
Beide Steine sind als Talisman - Anhänger geeignet

REIZBARKEIT - Gold, Kunzit
Beide Mineralien sind als Talisman - Anhänger geeignet. Tragen Sie ihn kurz über der Brust.
Akupressurpunkte Lu 4, Ni 26 und 27

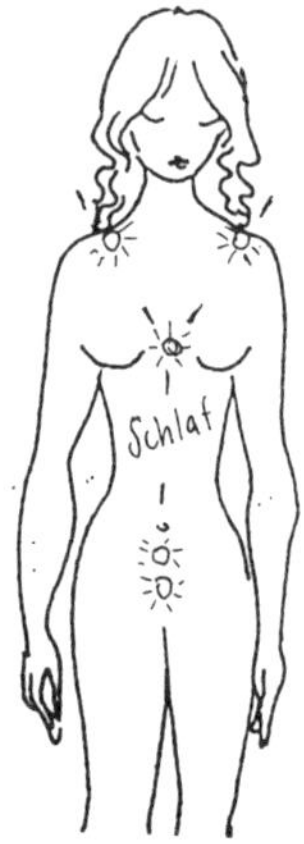

SCHLAF - Amethyst, Saphir, Lepidolith, Magnetit, Malachit, Turmalin, Zirkon
Legen Sie sich täglich vor dem Einschlafen in folgendes Legemuster: je einen der Steine rechts und links auf die Schulter, einen auf das Herzchakra, zwei untereinander ca. eine Handbreit unter den Bauchnabel.
Oder tragen Sie täglich aus einem der Steine ein Armband, denn rund um das Handgelenk sind schlafbezogene Akupressurpunkte.
Oder nehmen Sie einen mindestens pfenniggroßen undurchsichtigen Saphir mit ins Bett. Legen Sie diesen vor dem Einschlafen und jedesmal, wenn Sie aufwachen, auf die Stirn zwischen die Augenbrauen. Er wird Ihnen, wenn Sie eingeschlafen sind, herunterfallen und Ihren Schlaf bewachen.

SCHLAF Ängste - Rhodochrosit
Tragen Sie einen Rhodochrosit als Anhänger oder Kette so kurz als möglich um den Hals.

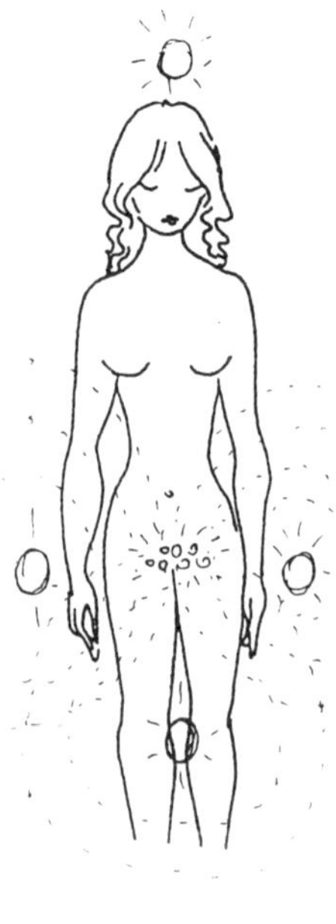

SCHUTZ - Beryll, Obsidian, Opal, Türkis
Alle diese Steine sind als Talisman - Handschmeichler oder Anhänger, bzw. Kette geeignet.

SCHULDGEFÜHLE - Chrysolit, Sodalit
Legen Sie täglich Ihre flache Hand mit dem Stein auf das linke Ohr.

SEXUELLE PROBLEME - Feuerachat, Chrysopras, Diamant, Fluorit, Gold, Granat, Magnetit, Malachit, Silber, Spinell, Rubellit, Zoisit
Legen Sie sich in ein Energiefeld aus vier Kugeln aus o.g. Steinmaterial oder Bergkristall und zusätzlich o.g. Steine auf das Wurzelchakra.

SCHÜCHTERNHEIT - Lapislazuli
Legen Sie sich in ein Energiefeld aus 6 Bergkristallen und zusätzlich je einen Lapislazuli auf jede Schulter und einen auf den Mund.

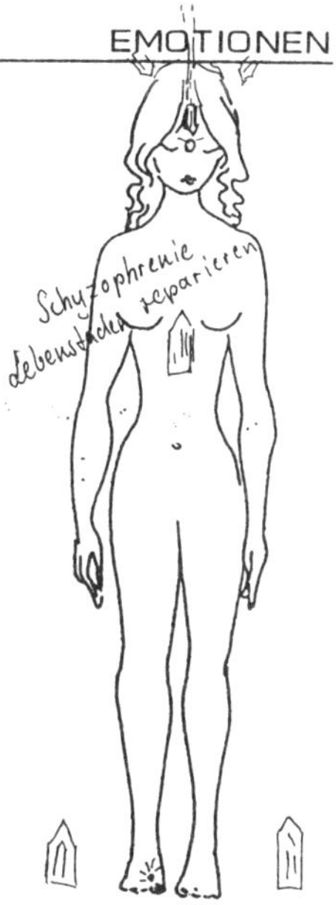

SCHOCK – Silber, Platin
Aktivieren Sie den Meridian des Mittelfingers mit einem Ring aus einem der Metalle.

SCHYZOPHRENIE – Gold, Kunzit, Mondstein, Rubin, Smaragd
Jeder der Steine ist als Talisman – Anhänger oder Handstein geeignet.
Legen Sie ein Energiefeld – ein Dreieck aus kleinen Bergkristallen über Ihren Kopf, als Zentrum das Dritte Auge, auf das Sie einen der o.g. Steine legen, zusätzlich ein Dreieck aus größeren Bergkristallen, nach oben zeigend, Zentrum über dem Herzchakra. Massieren Sie mit einem der Steine Punkt Le2 zwischen großem und zweiten Zeh.

SENSITIVITÄT – Azurit, Bergkristall, Cacoxenit, Koralle, Jaspis, Dolomit, Muscheln, Marmor, Mondstein, Onyx, Opal, Perle, Rhodonit
Jeder der Steine ist als Talisman – Handstein geeignet. Machen Sie jedoch einige der anfangs beschriebenen Legemuster.
Oder massieren Sie täglich Ihren Kopf mit einem milchigen Bergkristall-Handschmeichler

SELBSTACHTUNG – Amethyst, Diamant, Granat, Kupfer, Rhodonit, Rhyolit, Rubellit, Smaragd
Legen Sie sich in ein Energiefeld aus 6 Bergkristallen und aktivieren Sie Ihr Steuerzentrum (Seite 20), indem Sie drei der gleichen Sorte über Ihren Scheitel legen.
Diese Stelle können Sie zusätzlich massieren.

SELBSTÄNDIGKEIT – Gold, Silber, Malachit, Lapislazuli
Jeder der Steine ist als Talisman- Handschmeichler geeignet oder als Ring am Mittelfinger.

SELBSTLOSIGKEIT – Moosachat, Bernstein, Herkimer, Jade, Magnetit, schwarzer Turmalin
Legen Sie sich einen der Steine täglich auf die Stirn

SELBSTSUCHT – Chrysopras
Legen Sie sich täglich einen Chrysopras auf das Sonnengeflecht oder tragen Sie in gleicher Höhe einen Anhänger.

SELBSTVERTRAUEN - Moosachat, Citrin, Gold, Rosenquarz, Rubin, Rhodonit, Sardonyx
Legen Sie je einen der Steine auf jede Brustspitze

SELBSTZERSTÖRUNG - Citrin
Tragen Sie einen Citrin vor Ihrem Sonnengeflecht als Anhänger, allerdings sollte der Citrin möglichst groß sein - 3 - 4 cm.

SELBSTMORDGEFAHR - Citrin, Gold
Tragen Sie beides auf dem Sonnengeflecht und legen Sie sich täglich so auf einen Citrin, daß er in Höhe der Thymusdrüse aber auf dem Rücken zu liegen kommt.

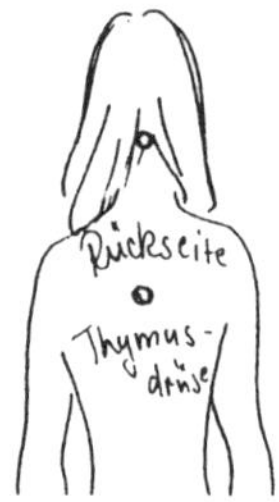

SELBSTEINSCHÄTZUNG - Platin als Schmuck kurz über der Brust

SELBSTSICHERHEIT - Moosachat
als Talisman - Anhänger oder Handstein

SINNE
BEWEGUNG - Silber, Smaragd
RIECHEN - Jaspis
SCHMECKEN - Topas
FÜHLEN - Carneol
HÖREN - Bernstein, Onyx
Jeder der Steine ist als Handschmeichler oder Anhänger geeignet. Wenn Sie mit den Steinen arbeiten, helfen Sie mit Ihrem Bewußtsein, die Sinne zu intensivieren, indem Sie hören, schmecken oder mit der gesamten Haut fühlen etc. als täten Sie dies zum ersten Mal. Machen Sie dies mindestens 20 Minuten ausschließlich und den Rest des Tages jedesmal, wenn Sie sich daran erinnern.

SORGLOSIGKEIT -Chrysopras
Legen oder hängen Sie sich einen Chrysopras vor das Herzchakra

SPRACHPROBLEME - Chalzedon, Apatit, Pyrit
Legen oder tragen Sie einen Chalzedon direkt über dem Kehlkopfchakra oder je einen Stein auf die Schultervorderseite

STARRKÖPFIGKEIT - Rutil
Legen Sie sich täglich einen Rutilquarz auf das Sonnengeflecht

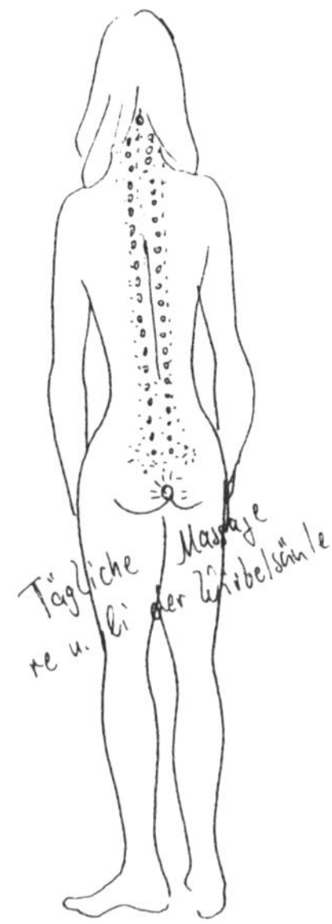

STÄRKE - Topas
Massieren Sie sich täglich den gesamten Oberkörper oder waschen Sie sich mit einem über Nacht angereichertem Elixier

STIMMUNGSSCHWANKUNGEN - Feuerachat, Amethyst, Aventurin, Azurit-Malachit, Baumquarz, Bergkristall, Citrin, Diopsid, Elfenbein, Granat, Labradorit, Mondstein, Opal, Onyx, Peridot, Rosenquarz, Rhodochrosit, Rubin, Topas
Legen Sie sich so viel als möglich dieser Steine auf die Chakren nach Ihrem Empfinden

SPONTANITÄT - Aventurin als Handstein

SÜCHTE - Phantomquarz, Rubin mit weißem Achat
Tragen Sie einen Rubin zusammen mit dem weißen Achat als Anhänger möglichst auf dem Herzchakra oder den Phantomquarz als Handstein.
Suchtverhalten ist der Ausdruck für das Gefühl, vor sich selbst davon zulaufen. Konzentrieren Sie sich auf die Fähigkeiten, in den Sie sich als liebenswerten Menschen wiedererkennen. Ein tägliches "Energie-Bad" zwischen 12 Bergkristallen wird Ihnen dabei helfen.

TATENLOSIGKEIT - Blauquarz
Massieren Sie die Partie um den Mund und lassen Sie sich täglich beide Seiten des Rückgrades in einer Entfernung von 1-3 cm massieren, von unten nach oben und lassen den Stein zum Abschluß auf dem Steißbein liegen.
Haben Sie niemanden, der Sie massieren kann, so legen Sie sich eine doppelte Bahn aus Blauquarzen und legend sich so auf die Bahn, daß das Rückgrad dazwischen zu liegen kommt.

TEILNAHMSLOSIGKEIT - Rhodochrosit, Heliotrop, Carneol
Massieren Sie sich täglich den Unterarm in der Verlängerung des kleinen Fingers.

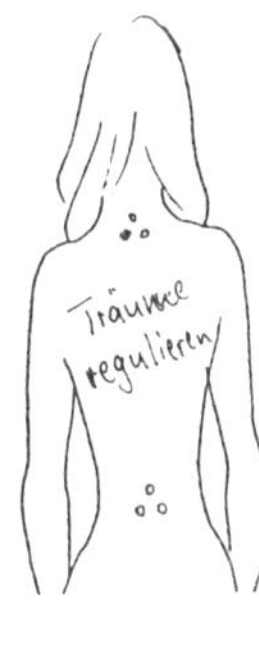

TRÄUME - Azurit, Azurit-Malachit, Chalzedon, Diamant, Dentridenquarz, Landschaftsjaspis
Legen Sie sich je drei Steine unter den Rücken, Höhe ersten Halswirbel und Taille.

TREUE - Sodalit
Tragen Sie einen Talisman als Anhänger oder Handstein. Mit dem Handstein können Sie sich den unteren Hinterkopf massieren

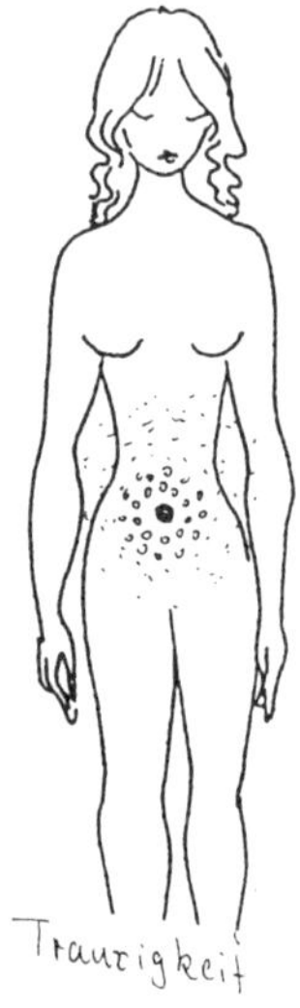

TRAURIGKEIT - Onyx, Citrin
Legen Sie sich einen Onyx auf den Bauchnabel und Citrine als Kreis darum. Nehmen Sie tagsüber einen Onyx als Handstein mit sich

TUGEND - Sardonyx
als Talisman Handstein oder Anhänger

ÜBERAKTIVITÄT - Amethyst, Lepidolith
Trinken Sie täglich ein Elixier aus Amethystwasser. Oder legen Sie sich einen Lepidolith auf die Stirn, auf M 42, Punkt in der Kuhle Rist und einen auf das Chakra, welches bei Ihnen durch Stress in Mitleidenschaft gezogen wird

ÜBERHEBLICHKEIT - Rosenquarz
Legen Sie sich täglich je einen Rosenquarz auf die Brustspitzen

ÜBEREMPFINDLICHKEIT - Gold, Magnesit
Tragen Sie Goldketten und nehmen Sie täglich für 10 Minuten in jede Hand einen Magnesit. (Diesen jedesmal reinigen)

ÜBERKRITISCH - Beryll
Tragen Sie einen Beryll-Anhänger kurz um den Hals

UNABHÄNGIGKEIT - Aventurin
Tragen Sie täglich einen Aventurin als Talisman mit sich. Der Aventurin stärkt den Emotionalkörper

UNBEHOLFENHEIT - Feuerachat
Tragen oder legen Sie sich täglich einen Feuerachat auf dem Sonnengeflecht und massieren Sie einmal pro Tag die gesamte Mundpartie mit dem Stein

UNBEWUSSTE ÄNGSTE - Aventurin, Jade, Smaragd, schwarzer Turmalin
Tragen Sie täglich einen der Steine als Talisman Handstein mit sich. Oder legen Sie sich täglich in ein Energiefeld aus 6 Bergkristallen und legen zusätzlich o.g. Steine auf die gleichen Punkte wie unter Angst beschrieben

UNSICHERHEIT - Amethyst, Diamant, Diopsid
Machen Sie sich täglich ein Elixier aus oben genannten Steinen und massieren Sie sich täglich mit einem der Steine die gesamte Kniepartie

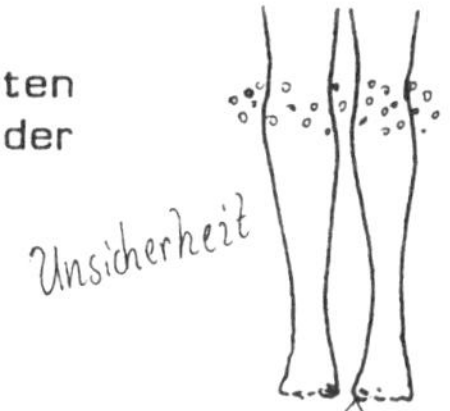

URSPRÜNGLICHKEIT - Aventurin
als Talisman Handstein

UNTERBEWUSSTES KLÄREND - Chrysocoll, Landschaftsjaspis, Mondstein, Peridot, Rhodochro sit, Rutil, Silber, Sodalit
Legen Sie sich täglich einen der Steine auf die Stirn und beobachten Sie dabei Ihre Gedanken, führen Tagebuch und gehen Sie aufgrund der Berichte und Ihrer Lebensweise ins "Gericht"

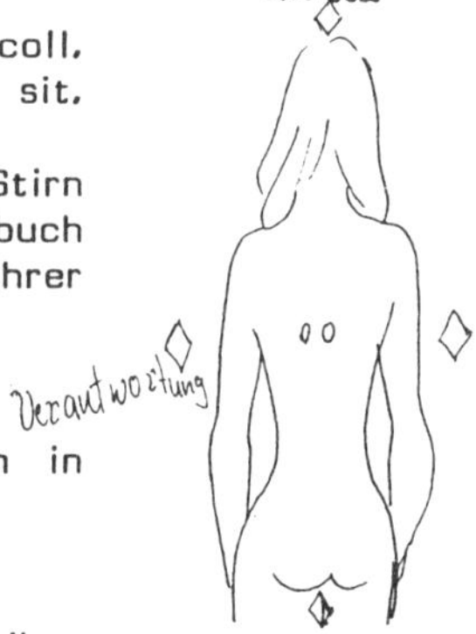

VERANTWORTUNG - Fluorid, Gold
Legen Sie sich zwei Fluoride unter den Rücken in Herzhöhe und zusätzlich nebenstehendes Legemuster

VERSTÄNDNIS - Jaspis, Malachit, Sardonyx
Massieren Sie sich täglich mit einem der Steine Ihre Schläfen, Schultern und legen Sie sich anschließend mit je einem Stein vor den Schultern und einer auf dem Herzchakra zu entspannen

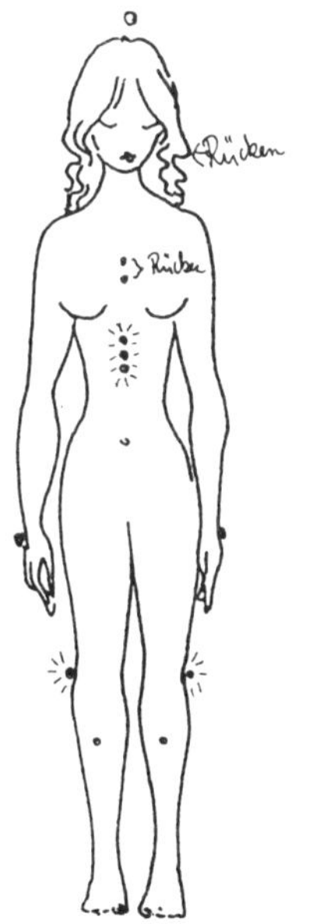

VERDRÄNGTE GEFÜHLE - Lapislazuli
Legen Sie sich in ein Energiefeld aus 6 Bergkristallen und je einen Lapislazuli auf jedes Auge und einen zwischen die Augenbrauen. Machen Sie diese Übung möglichst nicht allein, damit Sie Ihre Erlebnisse austauschen können. Sind Sie allein, dann sprechen Sie laut mit sich selbst.

VISIONEN - Aquamarin
Legen Sie sich in ein Energiefeld aus 6 Bergkristallen und legen Sie sich zusätzlich je einen klaren Aquamarin auf Herz oder Kehlkopf, auf das Kinn und auf die Stirn, oder drei Aquamarine im Dreieck auf die Stirn. Es ist sinnvoll, vorher eine Chakrenausgleichübung zu machen.

WAHRHEIT - Opal, Rubin, Sardonyx, grüner Turmalin
Jeder der Steine ist als Talisman Handstein oder Anhänger geeignet

WAHNVORSTELLUNGEN - Chrysolith
Tragen Sie einen Anhänger aus Chrysolith direkt über dem Sonnengeflecht oder ein Armband, oder Ring am kleinen oder Mittelfinger. Legen Sie sich je einen Chrysolith neben die Knie, Handgelenke, überden Scheitel - auf die Schienbeine, drei auf das Sonnengeflecht, zwei unter den Rücken Höhe Thymusdrüse und unter den letzten Halswirbel. Tragen Sie zu Ihrem Schutz einen Türkis so nah als möglich unter dem Hals oder einen Handschmeichler in der Hand

WENDIGKEIT – Chrysopras, Selenit
Legen Sie sich einen Selenit über den Scheitel und lassen sich ein Ganzkörpermassage mit dem Chrysopras geben – Oberkörper Mitte anfangend, jeweils mit Strichen oder Kreisen über den Kopf und die Arme nach außen streichend, dasselbe vom Bauch über die Beine nach außen streichend. Auf die gleiche Weise wird die Rückseite behandelt.

WILLENSKRAFT – Amethyst, Granat, Jaspis, Rubellit
Tragen Sie einen der Steine als Ring am Mittelfinger
Oder legen Sie sich in ein Energiefeld aus 6 Bergkristallen, zusätzlich je einen der Steine neben die Knie und Waden außen, drei unter den Hinterkopf Mitte

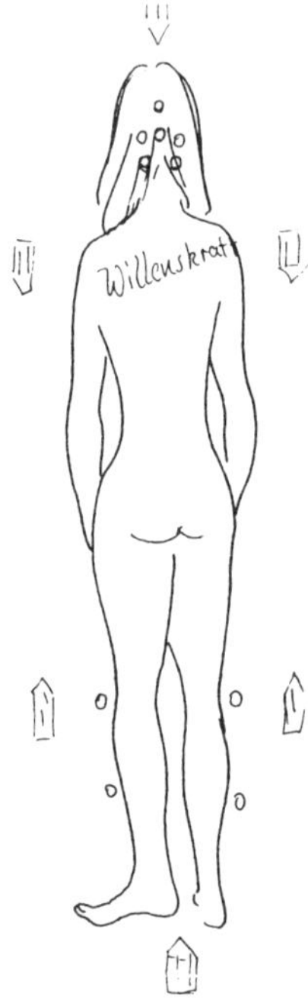

ZENTRIEREN – Spessartin-Granat
Legen Sie sich in ein Energiefeld aus vier Kugeln und legen Sie sich einen Spessartin-Granat auf den Bauch

ZERSCHLAGENHEIT – Chiastolith, Rosenquarz, Topas blau oder weiß, Onyx
Massieren Sie täglich mit einem der Steine den Punkt und Umfeld.
Bei der Auswahl der Steine hier einige Anhaltspunkte: Zerschlagenheit aus Wetterfühligkeit – Onyx, Menschenmassen – Topas, andere Ursachen – Chiastolith und Rosenquarz

ZWANGSNEUROTIK – Silber
Tragen Sie viel Silberschmuck, Ketten und Ringe. Beachten Sie jedoch, daß Silber so rezeptiv wie Amethyst und Wasser ist, und die Informationen speichert.
Tägliche Reinigung von Silberschmuck unter fließendem Wasser ist nötig.

ABFÜHRMITTEL - Koralle, Smaragd, **Jaspis**, Magnesit, Messing
Aus Smaragd, Koralle oder Jaspis können Sie sich ein Elixier machen und täglich trinken. Oder tragen Sie einen Messingarmreif oder eines der Legemuster, die unter dem Stichwort Verdauung stehen.

ABWEHR - Aventurin, Bergkristall, Beryll, Diamant, schwarzer Opal, grüner Turmalin.
Jeder der Steine ist geeignet als Anhänger über der Thymusdrüse oder als Handstein.
Oder machen Sie ein Energiefeld aus 6 Bergkristallen, legen einen Diamant (Rohdiamant ab 20,-DM) auf die Stirn, einen Beryll auf den Kehlkopf und in jede Hand einen Aventurin.

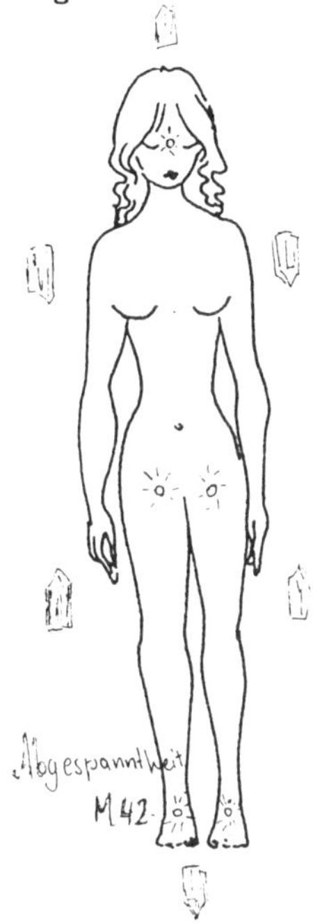

ABGESPANNTHEIT - Achatgeode, Blutjaspis, Chrysopras, schwarze Jade, Moosachat, Rutilquarz
Jeder der Steine ist als Talisman Handstein oder Anhänger geeignet. Oder lasen Sie sich mit einem Rutilquarz massieren, von Körpermitte jeweils über die Arme, Beine und den Kopf nach außen streichend.
Oder machen Sie sich ein Energiefeld aus 6 Bergkristallen, legen sich je einen Blutjaspis auf die Leisten, 1 Chrysopras auf die Stirn und je einen Moosachat auf M 42.

ABMAGERN - Amethyst, Grauquarz, Magnesit
Besorgen Sie sich von jedem der Steine eine dicke Kette und wechseln Sie diese täglich ab: Grauquarz klärt den Emotionalkörper, Amethyst schützt vor Fremdeinwirkungen, der Magnesit entgiftet.
Oder lassen Sie sich täglich und gleichfalls abwechselnd mit je einem der Steine den gesamten Körper massieren, von Körpermitte über Beine, Arme und Kopf nach außen streichend.

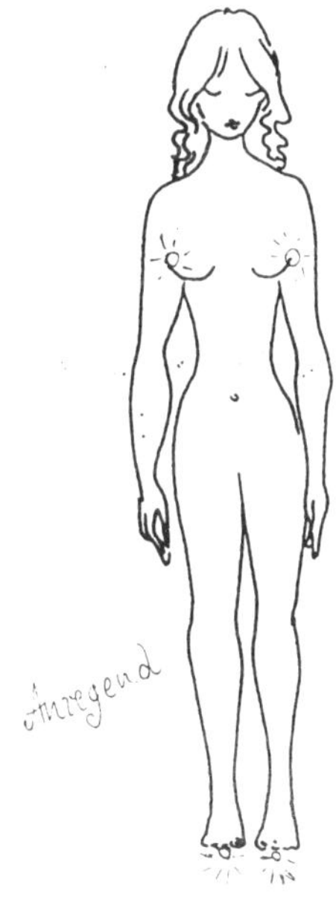

ACHSELSCHWEISS - Aventurin, Pyritachat Machen Sie sich aus einem der Steine ein Elixier und waschen Sie sich täglich damit.

ANREGEND - Falkenauge, Goldfluß, Grossular, Grauquarz, Rauchquarz
Jeder der Steine ist als Handstein oder Anhänger geeignet. Oder legen sie sich täglich je einen der Steine unter die Fußsohlen und auf die Achselhöhlen. Nach 10 - 20 Minuten Entspannung massieren Sie sich die Fußsohlen mit einem der Steine.

ANSTRENGUNG - geistig: Saphir zwischen die Augenbrauen. Körperlich: Mokait als Handstein

ANÄMIE - Bergkristall, Obsidian, Rotnickelkies
Legen Sie sich in ein Energiefeld aus 6 Bergkristallen. Legen Sie zusätzlich je einen der o.g. Steine neben die Ellenbogen.
Oder massieren Sie täglich 10 Minuten rund um die Ellenbogen. Hier ist der Akupunkturpunkt gegen Anämie.
Oder trinken Sie täglich ein Elixier aus Bergkristallwasser und tragen einen Handstein aus Obsidian mit sich.

ALTERSSCHWÄCHE - Koralle als Schmuck

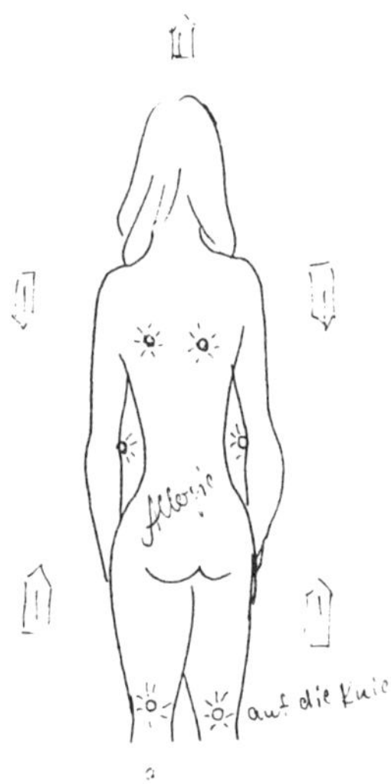

ALLERGIEN - Aventurin, Grünquarz, Hyazinth, Lapislazuli, Prasem, Moosachat, Landschaftsjaspis
Bei Allergien müssen Sie bei der Auswahl und Länge der Benutzung Ihre allergischen Reaktionen mit berücksichtigen! Nehmen Sie nur den Stein, der sich in Ihrer Hand erwärmt und nehmen Sie diesen auch nur so lange, solange er sich erwärmt. Erwärmen sich Steine nicht mehr, dann probieren Sie neue aus. Und reinigen Sie Ihre Steine nach jeder Benutzung gründlich!! Dies ist bei Allergien ganz besonders wichtig.

Legen Sie zwei kleine der o.g. Steine zwischen Zähne und Lippen.
Legen Sie sich täglich in ein Energiefeld aus 6 Bergkristallen. Legen Sie zusätzlich die ausgewählten Steine unter den Rücken, ca. 2 Fingerbreit unter dem Schulterblatt, je einen in jede Ellenbeuge und je einen etwa 3 Fingerbreit oberhalb der Knie und je einen über die Augen, unter die Brauen.
Massieren Sie letztgenannte Punkte bei Heuschnupfen, oder drücken Sie die Steine an diese Punkte.
Wenn sich die Steine nicht mehr erwärmen, dann kaufen Sie entweder neue oder machen Sie eine Pause von ca. 10 Tagen.
Sollten Ihre allergischen Reaktionen vorbei sein, können Sie mit einem unbenutzten, neuen! Handstein vorbeugen. Verwenden Sie keinen der gebrauchten Steine mehr und verschenken Sie diese auch nicht. Diese Vorsichtsmaßnahmen gelten nur bei Allergien.

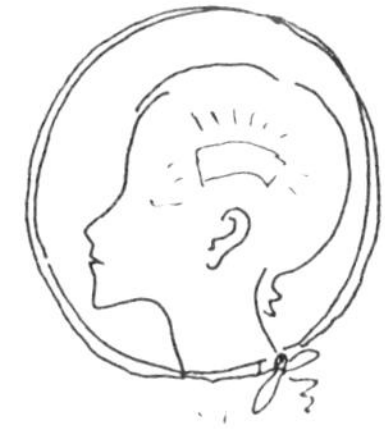

ALKOHOLISMUS - Amethyst, Kunzit, Onyx, Rubin, Topas, weisser Achat, Phantomquarz
Massieren Sie sich täglich ca. 1 Handbreit über den Ohren und tragen Sie den Stein als Talisman mit sich. Oder tragen Sie einen Anhänger kombiniert aus Rubin und weißem Achat.

ALPTRÄUME - Amethyst, Aquamarin, Chrysopras
Legen Sie sich aus drei Steinen einer Steinsorte ein Dreieck unter das Kopfkissen. Damit sich das dreieckige Energiefeld um Ihren Kopf richtig aufbaut, legen Sie den größten Stein über Ihren Kopf oder nehmen gleichgroße Steine. Der Aquamarin ist als Anhänger geeignet.

ANGINA PECTORIS - Aquamarin, Onyx
Tragen Sie ein Armband aus Aquamarin, da die energetischen Bezugspunkte rund um das Handgelenk liegen. Zusätzlich können Sie einen Onyx als Handstein benutzen.

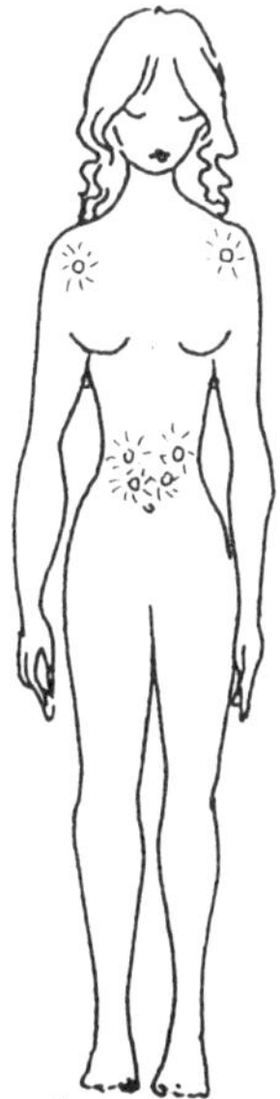

APPETIT - Topas
Machen Sie sich täglich ein Elixier aus einem Topas. Oder legen Sie sich in ein Energiefeld aus 6 Bergkristallen und legen zusätzlich je einen Topas auf die Achseln und einen auf den Magen. Massieren Sie anschließend folgende Akupunkturpunkte, über den Ohren, auf den Oberarmen und oberhalb der Knöchel - Ga 6 und 39, DE 10, Ma 13, HB 2

ARTHRITIS - Amethyst, Azurit, Chrysocoll, Fluorid, Koralle, Messing
Bei Arthritis in den Armen und Händen können Sie sich mit einem Armreif aus Messing helfen. Da Arthritis eine Übersäuerung des Körpersystems ist, als Folgeerscheinung von Vergiftung oder Dauerstress, ist ein Messingreif mit nebenstehendem I-Ging-Zeichen besonders geeignet. Dieses Zeichen ist eine Rune für absolutes Gleichgewicht und Ausgleich der Polaritäten. Täglich eine Prise Natron in Wasser aufgelöst getrunken und folgenden Legemuster:
Je einen der Steine unter die Achseln und auf die Schultern, neben die zweite Rippe und je einen Richtung Bauchnabel. Anschließend können Sie Ihre großen Zehen massieren.
Akumassagepunkte: Dü 9,10 Mi1,16 Ni 17

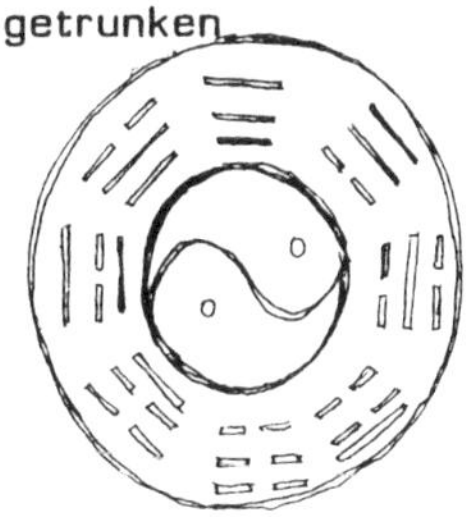

ASTHMA - siehe Seite 85 - Nachtrag

AUGEN - Jade, Malachit, Onyx, Peridot, Rubin, Sodalith
Beinahe alle Steine, die Sie benutzen, wirken nebenbei auf Ihre Augen. Sie können sich aus jedem Stein, der Ihnen zusagt, ein Elixier machen und mit einem Wattebausch über dem Augenlid die Augen befeuchten oder einen der Steine direkt auf die Augen legen. Akumassagepunkte:
Ga 1/4/5/7/14/15/16/17/20/37/52/44 und Ma 36

AUGEN Schmerzen - lindern Sie, indem Sie mit einem der Steine das Kinn rechts und links und die Hand zwischen Daumen und Zeigefinger massieren. Akumassagepunkte Di 3, Ma 8.

AUGEN - **Kurzsichtigkeit** - massieren Sie täglich die Partie von der Schläfe abwärts über die Backenknochen in kleinen Kreisen und die Fersen mit einem Bergkristall oder Lapislazuli oder Sodalith. Akumassagepunkte Ga 1, Ma 3, Ni 4

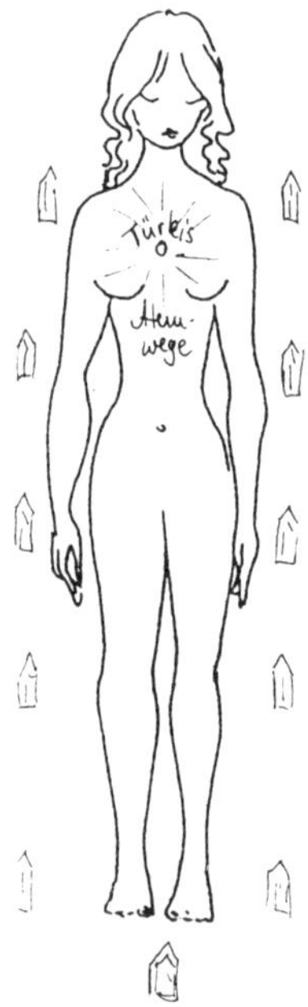

AUGEN Grüner Star - Bergkristall, Malachit, Saphir, Türkis.
Legen Sie sich täglich je einen der Steine über die Mundpartie und massieren Sie zusätzlich mit einem Stein auf der Schläfe dicht über und vor dem Ohr. Akumassagepunkte Ga 3, Ma 6

AUGEN - **Schmerzen** - lindern Sie, indem Sie mit einem Stein die Hand zwischen Daumen und Zeigefinger sowie rechts und links das Kinn massieren. Akumassagepunkte Di 3, Ma 8

ATEMWEGE - Bergkristall, Türkis
Legen Sie sich in ein Zwölferfeld aus Bergkristallen mit je einem Bergkristall neben jeden Knöchel, Handgelenk, Ellenbogen, Achsel und Knie, sowie je einen Bergkristall unter beide Füße und über den Kopf. Diese beiden müssen etwas größer als diejenigen sein, die paarweise liegen.
Legen Sie zusätzlich einen Türkis auf den Oberkörper oder massieren Sie den Oberkörper mit dem Türkis. Akumassagepunkte Ga 23/40, Lu 2/7

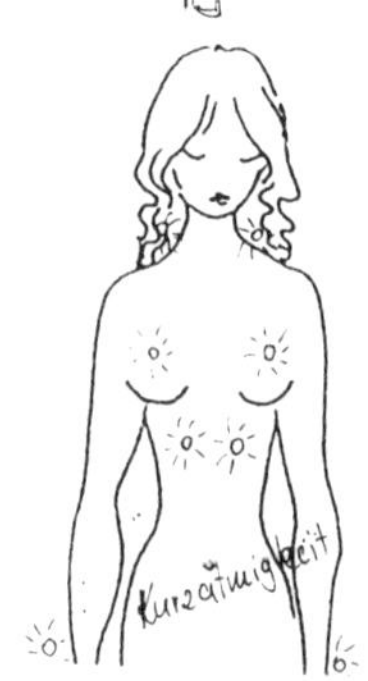

ATEM - **Kurzatmigkeit** - Bergkristall
Lassen Sie sich eine Massage über den gesamten Oberkörper geben oder legen Sie sich Bergkristalle auf folgende Stellen: rechts und links neben den Magen, je einen über jeder Brust, zwei auf den Hals und je einen in jede Hand. D 18, Ma 16, He6, HB7

BANDSCHEIBE - Rhodochrosit
Massieren Sie mit einem Rhodochrosith die Wirbelsäule oder kleben Sie mit einem Heftpflaster den Rhodochrosith an die strapazierte Stelle

BAKTERIEN - Smaragd, Tigerauge
Machen Sie sich aus einem der Steine ein Elixier und trinken es täglich

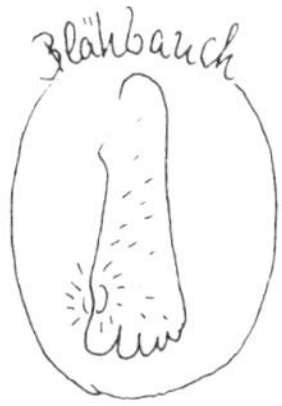

BAUCH - Wasseropal, Nephrit
Blähbauch - machen Sie eine Reflexzonenmassage der Fußsohle, insbesondere am äußeren Gelenk der großen Zehe. Akumassagepunkt Mi 2. Bauchfellentzündung - legen Sie sich ein Dreieck von der Achsel bis zum Schambein. Akumassagepunkt Ga 22

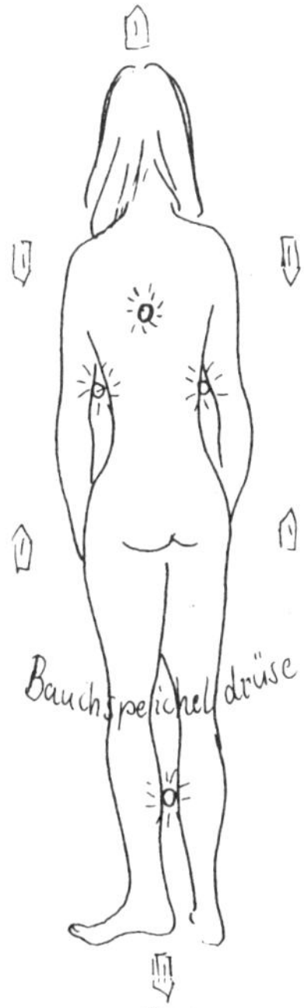

BAUCHSPEICHELDRÜSE - Amethyst, Calzit, Gold, gelber Jaspis, Malachit, Magnesit, Magnetit, Moosachat, Mondstein, Smaragd
Legen Sie sich ein Energiefeld aus 6 Bergkristallen und zusätzlich ein Viereck aus einem der o.g. Steine. Oberster Stein unter das Rückgrad in Herzhöhe, unterster Mitte der Waden und je einen neben die Milz. Oder legen Sie einen der Steine auf den Bauchnabel und einen auf das Sonnengeflecht und aktivieren Sie die Bauchspeicheldrüse über die Chakren.

BETÄUBUNG - Rauchquarz
Legen Sie sich je einen Rauchquarz unter die Fußsohlen

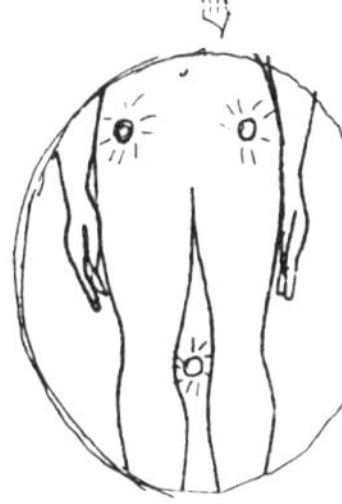

BEINE - Onyx
Im Fischezeichen Geborene haben oft schwache Beine. Legen Sie sich ein Dreieck aus Onyx, ein Stein zwischen die Knie, je einen auf jede Lende, dort wo das Beingelenk anfängt.
Oder massieren Sie mit einem Onyx den gesamten Gallenblasenmeridian Außenseite Beine. Akumassagepunkte Ga 28/31/33/36/37/38/40/41 Le 8 bei Belastung, bei Schwäche Ni 11

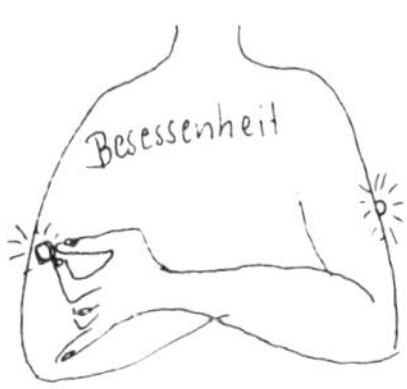

BESESSENHEIT - Chrysopras
Legen Sie sich in ein Energiefeld aus 3 Chrysoprasen: nachts unter das Kopfkissen je einen neben die Ohren und über den Scheitel, tags neben den Oberarm Mitte und Scheitel. Schmerzt diese Stelle am Oberarm Mitte, dann massieren Sie den Punkt täglich,

bis der Schmerz aufhört. Fremdeinwirkungen nehmen wir über die Ohren auf - "es klingt im Ohr" oder über das Empathiezentrum über dem Scheitel. Diese Stellen müssen geschützt werden.

BINDEHAUTENTZÜNDUNG - Lapislazuli, Amethyst
Massieren Sie folgende Stellen mit einem der Steine: Schläfe neben den Augen, die Seiten des Kinns, bei starker Entzündung zusätzlich den Punkt über dem Handgelenk und an den Knöcheln. Akumassagepunkte Ga 1/41, Lu 9, Ma 8

BINDEGEWEBE - Rubellit = rosa Turmalin, Rauchquarz, Lepidolith, Chiastolith = Kreuzstein
Massieren Sie die betroffenen Stellen

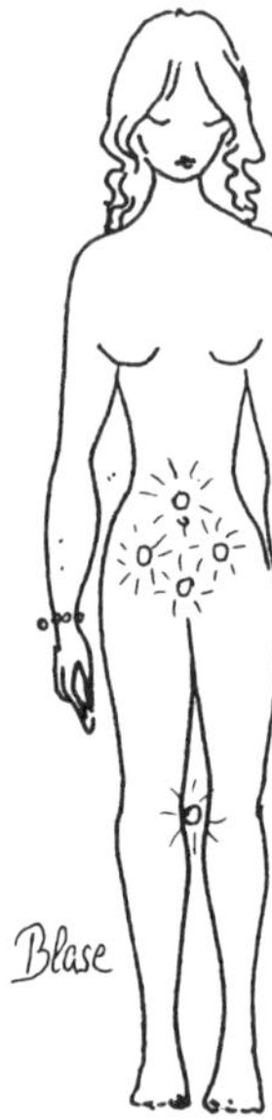

BLINDDARM - Amethyst, Chrysolith, Schwefel
Legen Sie ein Dreieck: ein Stein zwischen die Knie, je ein Stein auf die Leisten. Die Steine müssen gleichgroß sein. Akumassagepunkte Ma 36

BLASE - Magnesit, Silber, Achat, Bernstein, Jaspis, Citrin, Rutilquarz
Legen Sie sich ein Viereck aus einem der Steine auf den Bauch und einen Stein zwischen die Knie. Zur Stärkung der Blase verwenden Sie Achat, Bernstein, Citrin, Rutilquarz, Jaspis. Aus diesen Steinen können Sie auch ein Armband tragen.
Bei Entzündungen der Blase verwenden Sie Magnesit, Silber, Achat, Bernstein oder Jaspis. Akumassagepunkte Ga 29, Entzündung Ma 28, He 5, Mi 11, Ni 12

BLUT - Moosachat
Stärken Sie Ihr Herzchakra mit dem Stein. Legen Sie ihn täglich 10 Minuten auf oder tragen Sie einen Anhänger über dem Herzen oder einen Handstein mit sich. Akumassagepunkte siehe Herz.

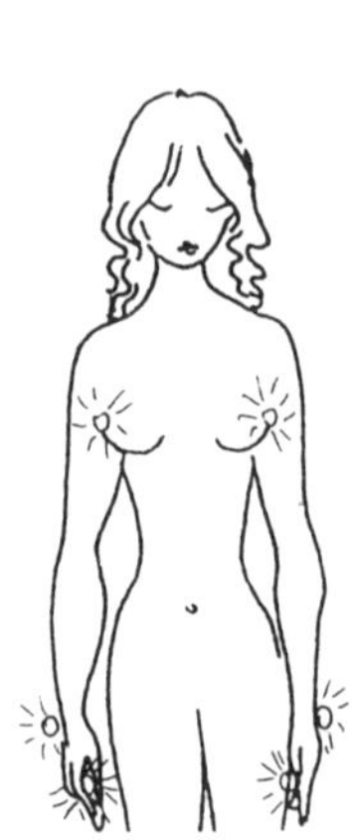

BLUTDRUCK niedriger - Gold- und Silberringe am Mittelfinger, Smaragd, Rauchquarz, Rosenquarz, Rubin, Türkis
Sie können mit einem Armreif oder Armband aus o.g. Steinen helfen. Oder legen Sie sich täglich in ein Energiefeld: je einen Stein auf die Achseln, je einen neben jedes Handgelenk, je einen Stein in jede Hand. Ein Handstein - Talisman aktiviert über den Mittelfinger ebenfalls den Kreislauf. Akumassagepunkte Di 10, He 1

BLUTDRUCK hoher - Lapislazuli, Sarder, Saphir
Hier gilt das gleiche wie bei niedrigem Blutdruck in bezug auf Armband, Fingerring und Handstein. Das Energiefeld jedoch ist anders: je einen Stein auf das Schlüsselbein, neben die Handgelenke und ein Stück darüber, je einen auf die große Zehe. Akumassagepunkte De 5, Di 15, HB 9, Mi 1

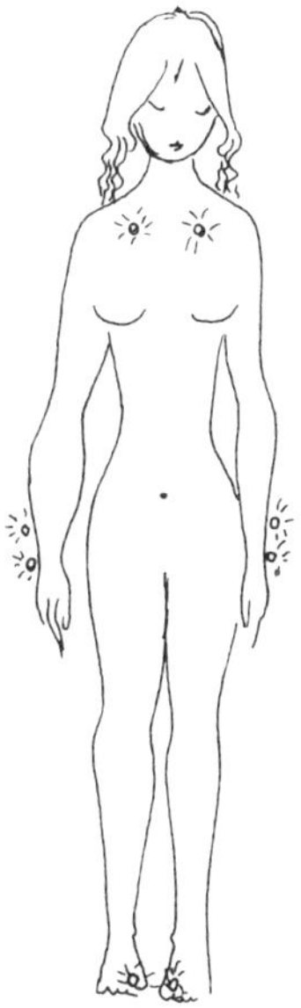

BLUTERGUSS - Aventurin, Lapislazuli
Massieren sie mit einem der Steine sanft und ohne Druck oder binden Sie ihn mit in den Verband ein.

BLUTGEFÄSSE - Karneol, Koralle, Landschaftsjaspis
Machen Sie sich aus einem der Steine ein Elixier und trinken Sie es täglich.

BLUTKÖRPERCHEN weisse - Bergkristall, Chrysolit, Koralle, Opal, Olivin, Peridot, Botswana-Achat, Bronce, Chalzedon
Machen Sie sich zur Regulierung der weissen Blutkörperchen ein Elixier aus einem der Steine und trinken es täglich. Oder tragen Sie einen Anhänger aus o.g. Steinen über dem Sonnengeflecht.

BLUTKÖRPERCHEN rote - Bergkristall, Chrysokoll, Granat, Heliotrop, Hämatit, Steinsalz, Malachit, roter Opal, Pyrit, Rosenquarz
Verfahren Sie wie bei der Regulierung der weissen Blutkörperchen.

BLUTUNGEN und WUNDEN - Bergkristall
Legen Sie einen Bergkristall auf oder binden Sie ihn mit in die Binde ein. Er hat auch gewaltige Wirkung, wenn Sie ihn auf der "Rückseite" der wunden Stelle einbinden. Akumassagepunkte bei inneren Blutungen - Mi 4/16

BLUTVERGIFTUNG - Chrysolith (=Peridot, Olivin) Diamant, Carneol
Machen Sie sich aus einem der Steine ein Elixier und legen sie sich einen der Steine ca. 2 Fingerbreit über das Herzchakra

BLUTZUCKER bildend - Amethyst, Moosachat
Machen Sie sich ein Elixier aus Amethyst und trinken es täglich. Der Moosachat ist als Handstein geeignet.

BRONCHITIS - Chalzedon, Kunzit, Rubin, Zoisit mit Rubin
Legen Sie sich ein Energiefeld täglich auf den Oberkörper. Je einen der Steine auf den Hals, auf die Schultern, kurz über die Achseln, in jede Ellenbeuge, auf das Herzchakra und auf das Sonnengeflecht. Akumassagepunkte Lu 1/3/5, De 10, KG 17/18, Ma 10/13/14, HB 2, Mi 18

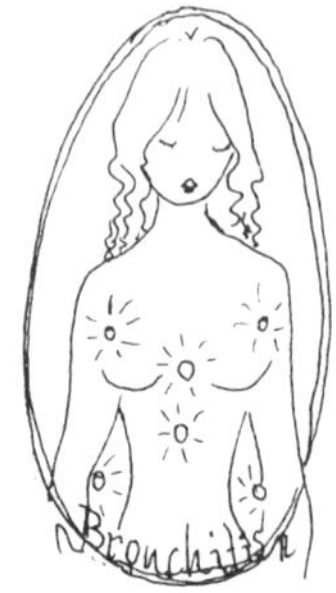

BLÄHUNGEN - Sardonyx, roter Jaspis
Legen Sie sich ein Viereck, je einen neben die erste Rippe und neben die Hüftgelenke. Akumassagepunkte Le 13, Di 9

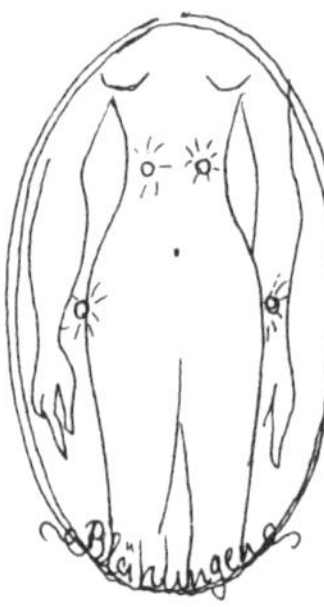

BEWUSSTLOSIGKEIT - Bergkristall, Onyx, Obsidian
Massieren Sie HB 9 an dem ersten, obersten Glied des Mittelfingers mit einem der Steine

CHOLERA - Malachit
Legen sie sich je einen Malachit auf den Oberarm und einen in jede Hand. Akumassagepunkte Lu 10, DE 1/6, HB 3

COLESTERIN - Koralle, Magnesium
Machen Sie sich aus einem der Steine ein Elixier und trinken es täglich

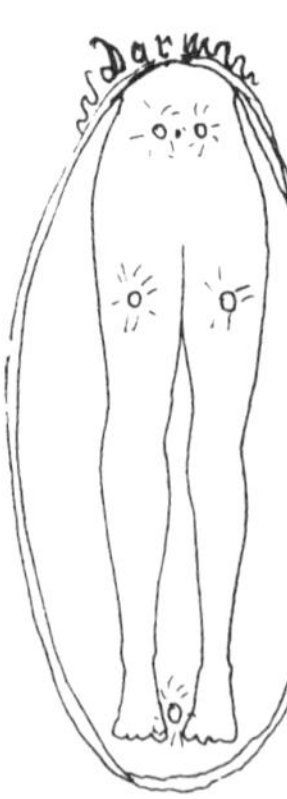

DARMTRAKT - Beryll, Bergkristall, Granat-Rhodolit, Mondstein, Obsidian, Perle, Pyrit, Sarder, Saphir
Legen Sie sich je einen der Steine rechts und links neben den Bauchnabel, je einen Mitte Oberschenkel und einen zwischen die Füße. Akumassagepunkte Ga 28, Ma 26, Mi 3/10/12

DARMGESCHWÜRE - Bergkristall, Mondstein, Perle
Legen Sie sich einen der Steine neben die zweite Rippe Richtung Bauch und je einen kurz über neben der Brust. Akumassagepunkte Mi 16/18

DESINFEKTION - Silber
Binden Sie ein Silberstück mit in den Verband. Nur im Notfall verwenden: Silber 30 Minuten im fliessendem Wasser reinigen, danach 1 Stunde in ein Wasserglas legen und Elixier benutzen.

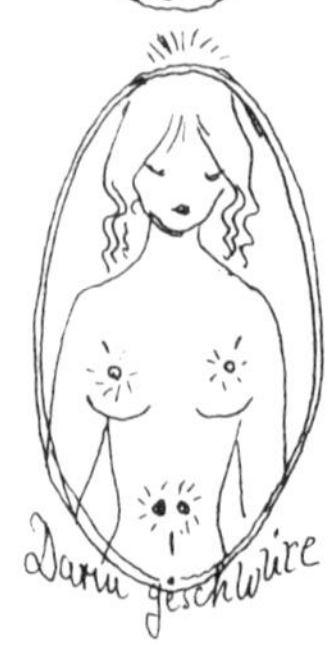

DIABETES - Citrin, Magnetit, Moosachat
Machen Sie sich aus einem der Steine ein Elixier und trinken es täglich. Oder tragen Sie aus einem der Steine ein Armband. Akumassagepunkt DE 4
4

DICKDARM - Calzit, Moosachat, Rosenquarz
Lassen sie sich mit einem Stein den Bauch gegen den Uhrzeigersinn massieren. Oder legen Sie sich in ein Energiefeld mit je einem Stein neben den Knien, unter jede Brust und auf den Bauchnabel. Oder massieren Sie die Falten von Mundseite aufwärts zum Nasenflügel. Akumassagepunkte Ma 37, Mi 15, Ni 15

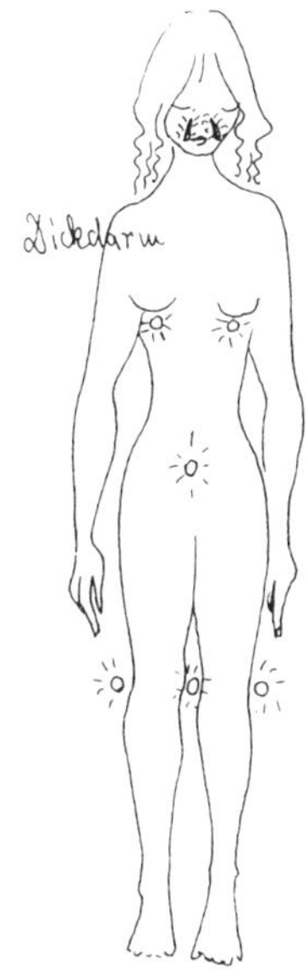

DÜNNDARM - Saphir
Dünndarmprobleme sind immer mentaler Art. Massieren Sie die Stirnpartie mit dem Saphir von der Mitte nach außen. Bei Entzündungen Akumassagepunkt HB 6 massieren.

DRÜSEN - Amethyst, Bergkristall, Beryll, Jaspis, Gold, Lapislazuli, Malachit, Marmor, Mondstein, Rubin, Saphir, Serpentin, Topas, Zirkon
Jede Drüse können Sie über das zuständige Chakra indirekt aktivieren und ausgleichen. Die harmonische Arbeit aller Drüsen nimmt für Gesundheit und Vitalität eine Schlüsselposition ein. Gleichen Sie bei Drüsenerkrankungen alle Chakren mit o.g. Steinen aus.
Als Richtlinie können Sie sich an die Beschreibung Seite 15 halten. Oder richten Sie sich nach eigener Verträglichkeit, Spürvermögen und angenehmen Gefühlen, indem Sie jeden einzelnen Stein vom untersten Chakra aus über alle anderen nach oben führen um zu spüren, auf welchem Chakra der Stein am wohlsten tut. Legen Sie zusätzlich je einen der Steine auf die Achselhöhlen!!!

DRÜSENSCHWELLUNG - Beryll
Massieren Sie leicht und ohne Druck die entsprechenden Stellen und legen Sie anschließend je einen gereinigten Beryll auf die Achselhöhlen und je einen neben die Nasenflügel. Dies ist eine Zusatzübung zu vorher genannter ChakrenDrüsen-Ausgleichsübung. Akumassagepunkt Ma 5

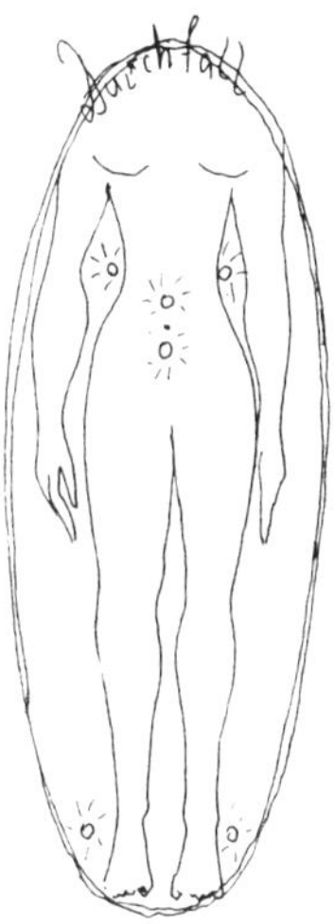

DURCHFALL - Beryll, Magnesit
Legen Sie je einen Stein neben die Knöchel, unter und über den Bauchnabel und neben die untersten Rippen außen. Oder massieren Sie mit einem der Steine die Zone hinter den Ohren. Tagsüber können Sie sich einen Beryll in einem Gummigürtel auf den Bauch drücken. Akumassagepunkte Ga 25/39, DE 18, Le 6, Di 3, KG 4/9.

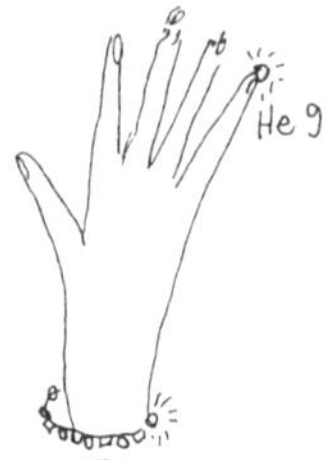

DELIRIUM - Schneeflockenobsidian
Tragen Sie ein Armband aus o.g. Steinen. Akumassagepunkt He 9.

EILEITER - Chrysopras
Legen Sie sich je einen Chrysopras auf die Eileiter oder massieren Sie die Stellen leicht und ohne Druck.

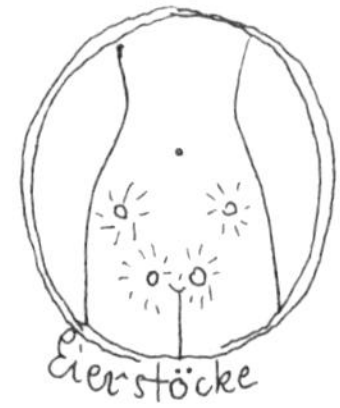

EIERSTÖCKE - Chrysopras, Heliotrop, dunkler Opal, Rauchquarz, Rotnickelkies, Rosenquarz
Legen Sie je einen der Steine an den unteren Punkt der Eileiter und je einen ca. 3 Fingerbreit über sie.

EMPFINDUNGSLOSIGKEIT - Platin
Tragen Sie Schmuck aus Platin

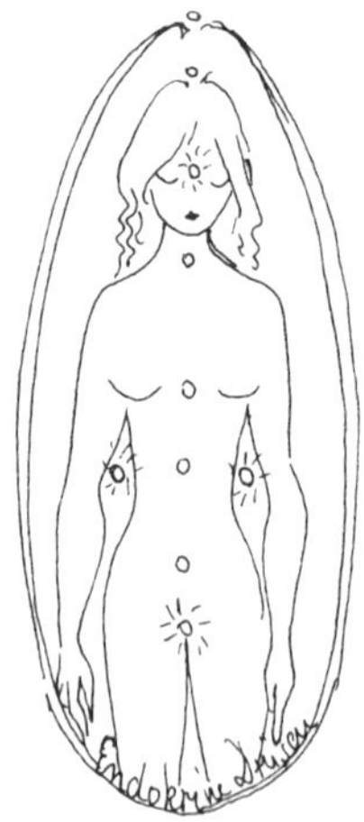

ENTZÜNDUNGEN - Aquamarin, Bernstein, Chrysolith, Fluorid, Granat, Hämatit, Lapislazuli, Moosachat, Obsidian, Silber
Legen Sie einen der Steine auf oder binden Sie ihn oder mehrere in die Binde ein.

ENDOKRINE DRÜSEN - **Hormondrüsen** - Heliotrop, Magnetit
Siehe Drüsen und legen Sie einen der o.g. Steine zusätzlich auf die entsprechende Drüse. Akumassagepunkt He 3

ERKÄLTUNG - Pyritachat als Handstein

EPILEPSIE - Amethyst, Bandachat, Diamant, Gold, Kunzit, Magnesit, Opal, Silber
Wählen Sie zum Vorbeugen einen der Steine als Talisman Handstein oder Armband. Massieren Sie sich täglich das Gesicht mit einem der Steine oder legen Sie sich in ein Energiefeld aus 12 Bergkristallen. Akumassagepunkte Ga 9/12/13/30, Lu 7/11, DE 7/18

ENZYME - bildend - Perle, Pyrit
Beginnen Sie den Morgen mit einem rohen, ungekochten Stück Gemüse oder Obst. Tragen Sie Schmuck aus Perlen als Kette oder Armband. Legen Sie sich täglich einen Pyrit auf das Sonnengeflecht und Perlen auf den Bauchnabel.

EPIPHYSE - Mondstein, Smaragd, Topas
Die Epiphyse ist vom Seelenleben her gesehen die erste Steuerhauptzentrale und ihre Funktionsbereitschaft lebenswichtig. Der Mondstein regelt die Intuition, der Topas den Umwelt-Energie-Ausgleich, der Smaragd bewirkt Klarheit und Reaktionsvermögen. Legen Sie sich einen der Steine auf die Stirn und einen von gleicher Sorte unter den letzten Halswirbel. Beachten Sie, da es sich hier um eine Drüse handelt, den Hinweis siehe "Drüsen".

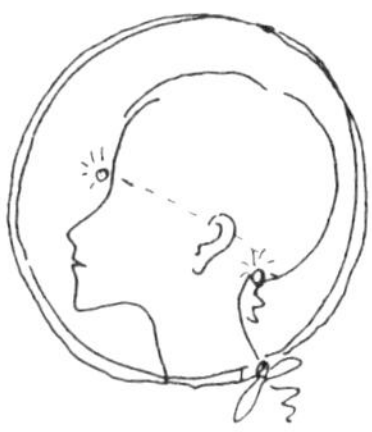

ERBRECHEN - Kunzit
Massieren Sie sich die Stirn mit einem Kunzit unter dem Haaransatz. Akumassagepunkte Ga 8/10/17/24, Lu 3/9, DE 6/18, Le 3

ERDUNG - Rauchquarz, Schneeflockenobsidian, Wasseropal
Massieren Sie sich täglich die Fußsohlen mit einem der Steine. Legen Sie einen unter jede Fußsohle, wenn Sie viel sitzen und nicht viel tatsächlichen Bodenkontakt haben. Lenken Sie Ihre Aufmerksamkeit so oft Sie über Erde gehen, auf Ihre Fußsohlen. Machen Sie Spaziergänge, indem Sie mindestens 20 Minuten nur auf die Fußsohlen und den Kontakt zur Erde achten.

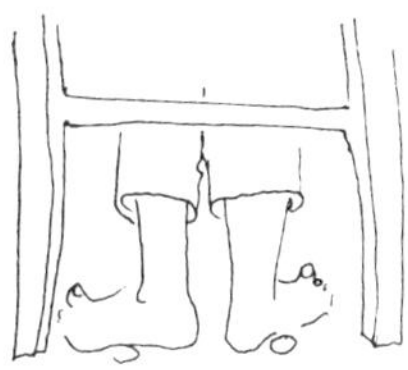

ERSCHÖPFUNG - Chiastolith-Kreuzstein, Rosenquarz, Topas
Der Rosenquarz eignet sich als Talisman - Handstein, der Topas für Elixiere, der Chiastolith zum Aktivieren folgender Körperpunkte: Legen Sie je einen auf die Achseln, neben die Hüftgelenke, wo sie ihn mit den Händen festhalten, damit er nicht runterfällt.
Oder lassen Sie sich nach einer Amethyst-Massage eine Ganzkörpermassage mit dem Rosenquarz geben. Akumassagepunkte Ga 30, nervöse Erschöpfung He 3

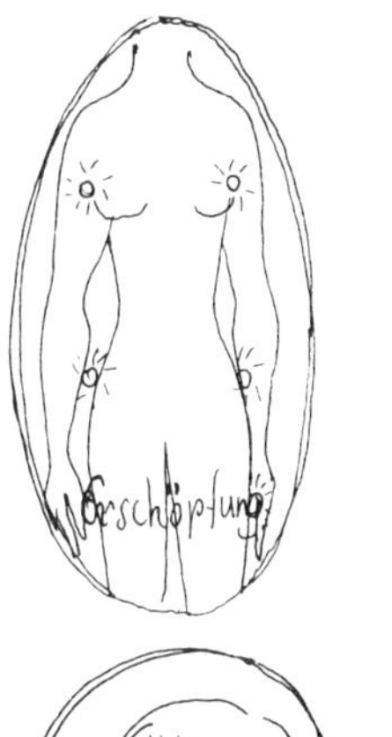

EXTREMITÄTEN untere - Schwarzer Turmalin
Massieren Sie sich die Fußsohlen mit dem Turmalin

ERRÖTEN - Trümmerjaspis, Dentridenopal, Mondstein Massieren Sie täglich Ihre Schläfe, die Seiten des Halses und die Verlängerung der kleinen Zehe. Akumassagepunkte Ga 5/21/43

EKZEME - Amethyst, Hämatit
Massieren Sie den Unterarm außen oder tragen Sie ein Armband aus o.g. Steinen. Akumassagepunkt De 6.

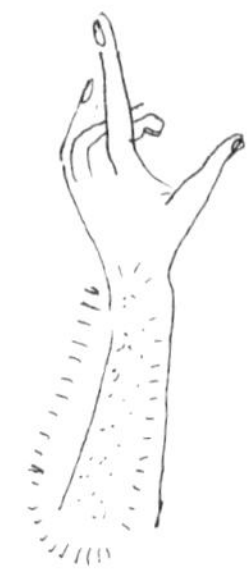

ERDSTRAHLEN - Carneol, Bronce, Jaspis, Gold, Magnesit, Malachit, Magnetit, Meteorite, Nephrit, Onyx, Opal, Saphir, Silber, Smaragd, Sodalith, Turmaline, Quarze
Jeder dieser Steine hilft Ihnen als Handstein, die Wirkungen der Erdstrahlen zu verkraften und auszugleichen.
Besser jedoch ist eine Neutralisierung der Erdstrahlen mit einem dreieckigen, viereckigen oder sechseckigen Energiefeld, welches ständig im betroffenen Raum bleibt.
Im Schlafzimmer können Sie das Feld unter der Matratze, unter dem Bett, am Arbeitsplatz um Ihren Arbeitsplatz oder über die Größe des gesamten Zimmers aufbauen. Hier gibt es keine Regel, wie groß die Kristalle sein und wie sie gelegt werden müssen. Das ist von Ort und Person abhängig. Jedoch sollte es ein Feld sein!!! Ein einzelner Stein kann noch mehr Funktionsstörungen verursachen als gar keiner. Diese Steine sollten einmal pro Monat gereinigt werden, etwa 8 Tage vor Vollmond. Der Vollmond strahlt einen Pranafeindlichen Magnetismus aus, der gespeicherte "Unreinheiten" der Kristalle verstärken wird.

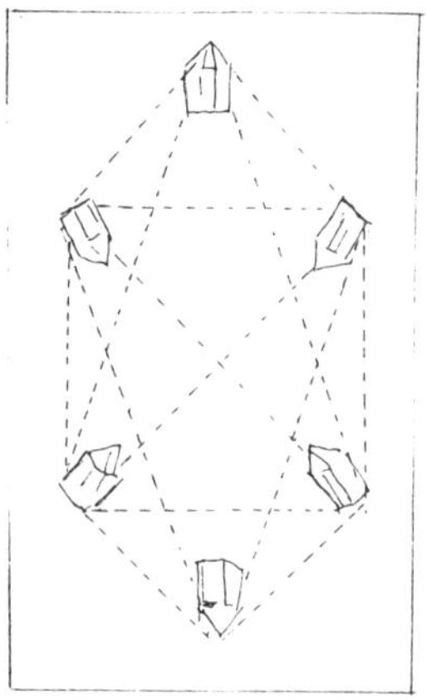

FETTGEWEBE - Amethyst, Bergkristall, Malachit
Massieren Sie sich an den entsprechenden Stellen mit einem der Steine

FIEBER - Chalzedon, Gold, roter Jaspis, Koralle, Lapislazuli, Rubin, Silber
Jeder der Steine ist als Handstein geeignet. Oder machen Sie ein Elixier und betupfen damit Schläfen bis Hals, die Füße und die kleine Zehe. Akumassagepunkte Ga 6/41/43, Lu 6/8/11, DE 1, Di 4/5/6/7

FREMDEINWIRKUNGEN - Amethyst, Chrysopras, Diamant, Helioptrop, Labradorit
Siehe Besessenheit, was die Energiefelder anbelangt. Diamantschmuck schützt. Mit den anderen Steinen können Sie mit nebenstehender Fingerrune Fremdeinwirkungen löschen.

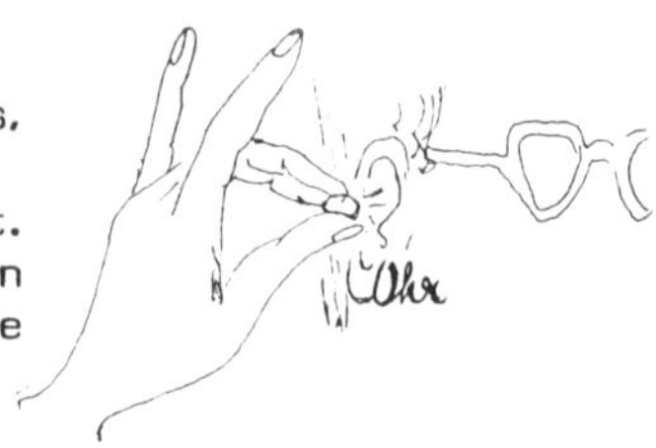

FARBENBLINDHEIT - Amethyst
Tragen Sie einen Amethystring am Zeigefinger und massieren Sie täglich beide Seiten des Kopfes von der Wange aufwärts bis zum obersten Schädelpunkt. Akumassagepunkte Ga 1/16, Di 1

FACIALLÄHMUNG - Gold, Platin
Massieren Sie täglich die Mitte Ihres Kinnes. Akumassagepunkt KG 24

FLÜSSIGKEITSREGELUNG - Chrysopras, Achatgeode, Jaspis
Massieren Sie täglich Ihre Kinnmitte, KG 24

FRIGIDITÄT - Feuerachat, Granat, Zoisit, Malachit, Rubellit
Legen Sie sich in ein Zwölferfeld aus Bergkristallen und zusätzlich ein Dreieck aus o.g. Steinen auf Ihren Bauch: je einen auf jede Leiste, einen auf das Sakralchakra. Akumassagepunkt Ni 12

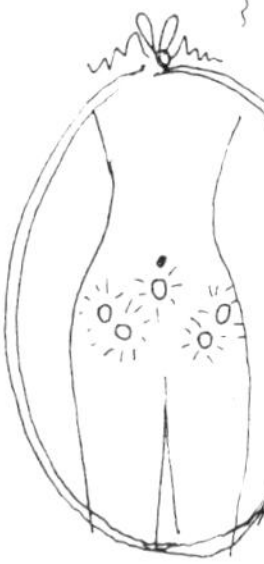

FRUCHTBARKEIT - Amethyst, Chrysopras, Jade, Koralle, Malachit, Rosenquarz, Rubellit
Legen Sie sich in ein Energiefeld aus 6 Bergkristallen und zusätzlich ein Dreieck aus o.g. Steinen, je einen auf jede Leiste und einen kurz unter den Bauchnabel.

GALLE - Azurit-Malachit, Turmalin
GALLENBLASE - Jaspis
GALLENSTEINE - Chalzedon, Magnesit
In jedem Fall von Schwierigkeiten mit der Galle sollten Sie ein Armband oder -reif aus o.g. Steinen tragen. Bei Gallensteinen können Sie sich ein Elixier machen. Den Gallenblasenmeridian können Sie mit einem Citrin punktieren, d.h. die ganze Linie in Punkten kurz antupfen.

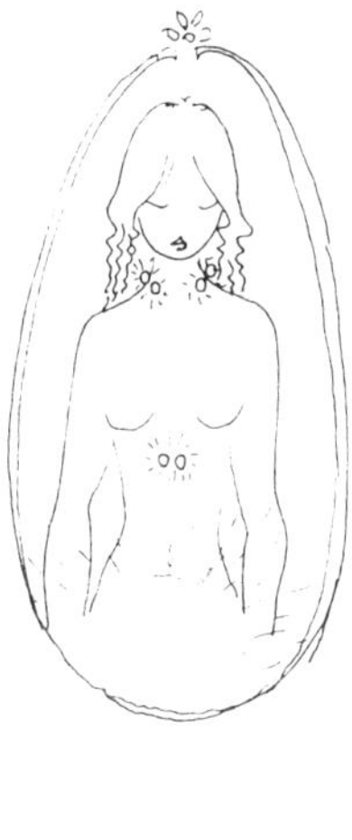

GEBÄRMUTTER - Gips, Heliotrop, Selenit
Stärkung der Gebärmutter - ein Talisman - Handstein, Akumassagepunkt He 8 - bei Gebärmutter-Senkung - Massage der Ferse, Akumassagepunkt Ni 3

GEBURT - Jaspis, Sarder
Tragen Sie einen der Steine im letzen Monat als Talisman - Handstein mit sich. Bei vorzeitigen Wehen massieren Sie die Seiten des Halses mit einem Amethyst und legen zusätzlich zwei Steine in den Rippenbogen. Akumassagepunkte Ga 21, Le 14

GEFÄSSE - Verhärtung - Marmor, Dolomit
Nehmen Sie sich einen Handstein - Talisman

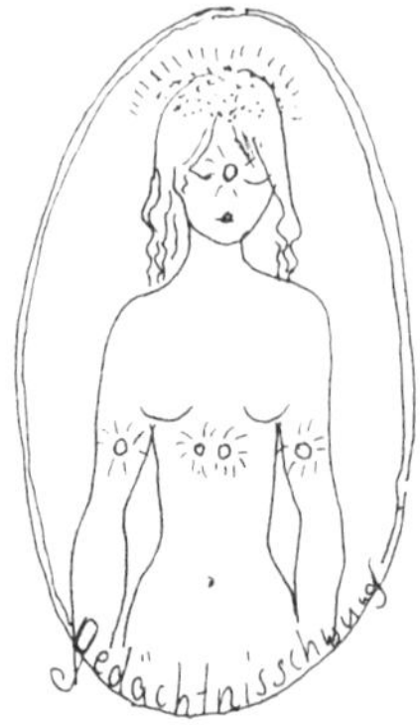

GEHIRN - Amazonit, Amethyst, Bandachat, Bergkristall, Citrin, Diamant, Gold, Messing, Rutilquarz, Saphir, Silber
Massieren Sie die gesamte Schädeldecke, bei Blutungen besonders den obersten Teil mit einem Bergkristall. Bei Gedächtnisschwund legen Sie einen der Steine auf die Stirn, je einen rechts und links in den oberen Rippenbogen und je einen daneben auf den Oberarm. Oder tragen Sie ein Armband oder Anhänger aus o.g. Steinen. Der Anhänger sollte im oberen Rippenbogen hängen. Akumassagepunkte GA 15 bei Blutungen

GEHIRNNERVENZELLEN - Gold
Machen sie sich ein Elixier mit einem (gereinigten!) Goldschmuck

GEHIRNFLÜSSIGKEIT - Magnetit
Massieren Sie die Schädeldecke mit dem Magnetit

GEHÖR - Bernstein, Onyx
Lassen Sie sich mit einem der Steine den gesamten Kopf massieren, die Unterarme und die kleinen Zehen.

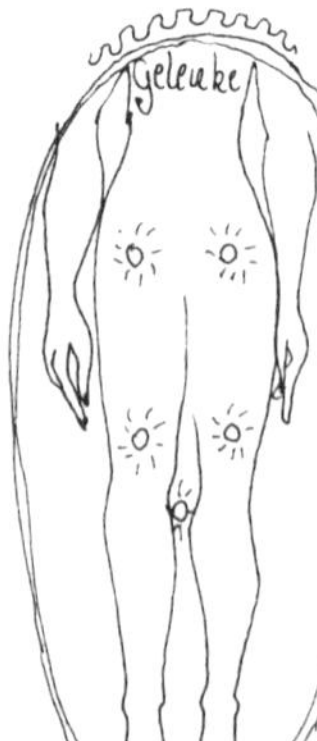

GELENKE - Azurit, Magnetit, Tigerauge
GELENKENTZÜNDUNGEN - weisser Achat mit Türkis
Hier helfen Elixiere und Handsteine. Bei starken Gelenkschmerzen legen Sie sich einen der Steine auf jede Leiste, einen oberhalb der Knie, zwei unterhalb der Knie zwischen die Beine. Akumassagepunkte Le 7, Mi 8/9, Ni 10/11

GELBSUCHT - Diamant, Koralle, Magnesit, Sarder
Nehmen Sie sich einen Handstein, ein Armband oder Anhänger aus o.g. Steinen. Akumassagepunkte Le 13, Di 2, Ma 20, HB 8, Mi 5, Ni 17

GENETISCHE KRANKHEITEN - Rhodolit-Granat
Tragen Sie einen Anhänger aus Rhodolit

GEWEBE - Selenit, Rauchquarz, Gips
Massieren Sie sich mit einem der Steine oder machen Sie sich ein Elixier

GESCHWÜRE - GESCHWULSTE gutartig - Achate, Bergkristall, Chrysocoll, Elfenbein, Jaspis, Malachit, Mondstein, Perle
Machen Sie sich ein Elixier. Oder binden Sie den Stein mit in den Verband ein. Oder gestalten Sie ein symmetrisches Energiefeld aus einem der o.g. Steine mit einem Stein zwischen den Knien und je rechts und links neben dem Körper in Höhe der betroffenen Stelle. Akumassagepunkt Le 8.

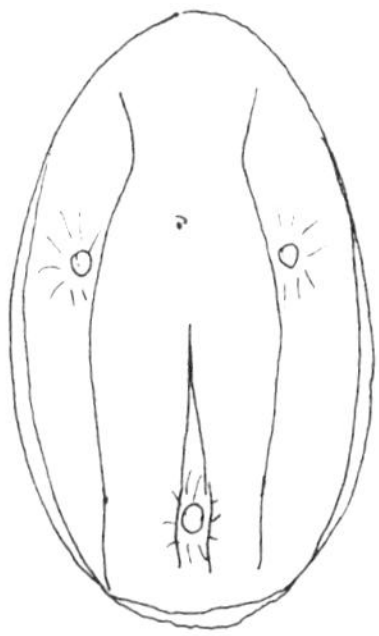

GESCHLECHTSKRANKHEITEN - Granat, Boulder Opal, Rosenquarz, Rubellit, Silber
Legen Sie sich in ein Sechseck aus Bergkristallen und zusätzlich je einen der o.g. Steine unter die Fußsohlen, neben die Knöchel und auf die Leisten. Akumassagepunkte Mi 6, Ni 2/8/12

GLEICHGEWICHTSSTÖRUNGEN - Seekrankheit - Magnesit
Halten Sie sich vor der Reise jeweils für 20 Minuten einen Magnesit mit der flachen Hand auf jedes Ohr. Oder tragen Sie ein Armband aus Magnesit. Magnesit hat gewaltige Speicherfähigkeiten, d.h. reinigen Sie ihn bei Gebrauch täglich unter fließendem Wasser.

GICHT - Diamant, Chrysopras, Kunzit, Topas
Massieren Sie sich täglich die gesamten Füße bis über die Knöchel. Oder legen Sie einen oder mehrere Steine in Ihr abendliches Fußbad.

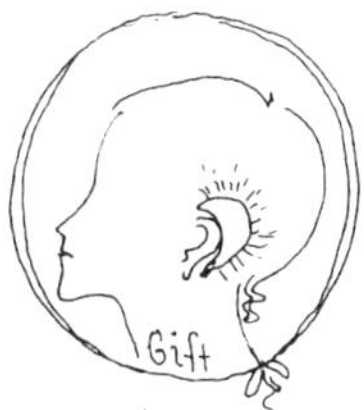

GIFT - entschlackend - beinahe jeder Stein
Jeder Handstein hilft Ihnen, zu entschlacken. Der Magnesit zieht über die Hand Umweltgifte und Radioaktivität aus dem Körper - jedesmal den Stein reinigen!! - bei Vergiftung hinter den Ohren mit einem Hämatit, Apatit oder Magnesit massieren.

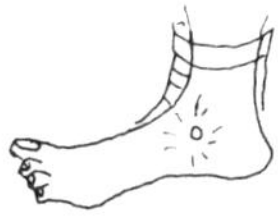

GÜRTELROSE - Silber, Ton
Massieren Sie den Punkt des Fußes laut nebenstehender Zeichnung. Tragen Sie zusätzlich einen Handstein aus grüner oder schwarzer Jade mit sich.

GRIPPE - Beryll, Fluorid, Gold, Meteorite, Messing
Machen Sie sich ein Elixier. Oder benutzen Sie einen Handstein zur Vorbeugung. Oder legen Sie sich einen der o.g. Steine zwischen Handgelenk und Körper, neben die Taille und in gleicher Höhe neben den Arm außen, je einen neben jede Halsseite. Akumassagepunkte Ga 30, Lu 7, DE 5, Mi 15. Bei Gliederschmerzen können Sie Ga 21, mit einem Amethyst massieren.

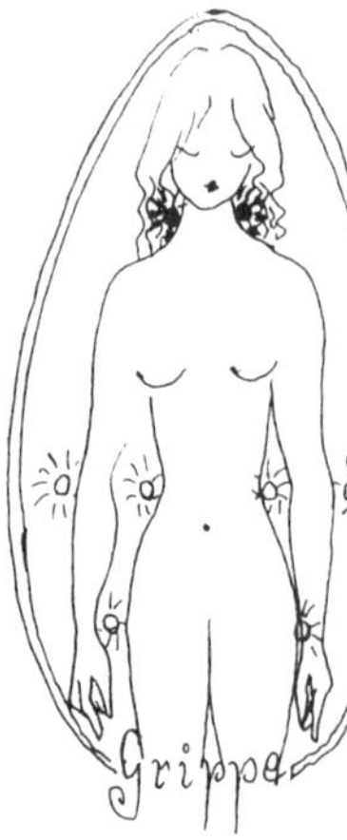

HAUT - alle Schmuckmetalle - allerdings täglich reinigen!!! - Achate, Elfenbein, Granat, Hämatit, Lapislazuli, Landschaftsjaspis, Marmor, Magnetit, Perle, Sarder, Smaragd

Machen Sie sich ein Elixier aus einem klaren Smaragd. Oder legen Sie sich in ein Sechseck aus Bergkristallen und zusätzlich unter den Rücken in Herzhöhe zwei der o.g. Steine nebeneinander. Siehe auch Allergien.

HAUTVERHÄRTUNGEN - Bandachat, Beryll, Baumquarz, Chalzedon
Massieren sie mit einem der Steine die betroffenen Stellen leicht und ohne Druck

HALSKRANKHEITEN - Blauquarz, Chrysokoll
Legen Sie ein Energiefeld mit je einem Stein neben den Ellenbogen, auf das Kehlkopfchakra und neben die Ohren. Akumassagepunkte Di 17/Ma 9. Bei Halsentzündungen massieren Sie mit einem Pyrit hinter dem Ohr und den Unterarm vom Ellenbogen bis zum kleinen Finger. Akumassagepunkte Dü 7/19

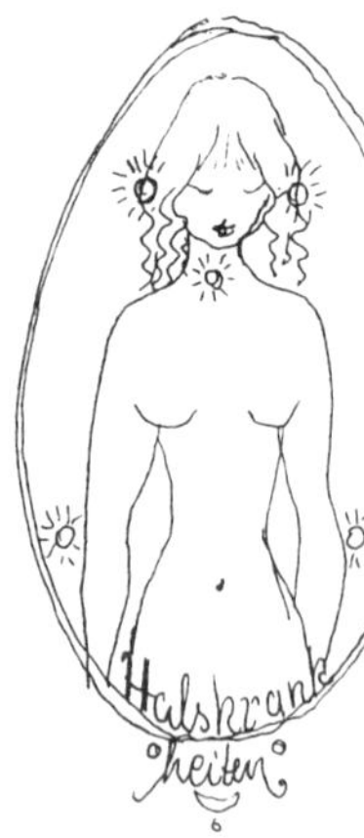

HEMISPHÄREN - Diamant, Band- und Moosachat, Gold, Wasseropal
Legen Sie ein Energiefeld um den Kopf: je einen Stein unter den letzen Halswirbel, je einen neben jedes Ohr, einen über den Scheitel. Achten Sie darauf, daß die Steine gleichgroß sind und ein Quadrat ergeben.
Akumassagepunkt DE 3

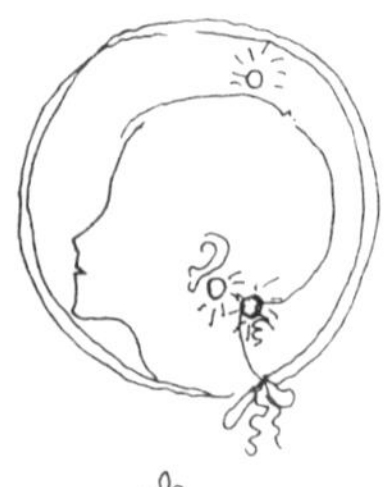

HARNRÖHRENENTZÜNDUNG - Bernstein, Citrin, Rutilquarz, Pyrit
Legen Sie sich einen der Steine auf den Nabel, nachdem Sie diesen mehrmals umkreist haben. Akumassagepunkt Ni 16.

HÄMOGLOBIN - Chrysokoll, Granat, Heliotrop
Machen Sie sich ein Elixier und trinken es täglich. Oder nehmen Sie sich einen der Steine als Talisman - Handstein.

HERZÖDEME - Aquamarin, Amethyst
Umkreisen Sie täglich einmal Ihre beiden Ellenbogen mit einem der Steine. Akumassagepunkt Dü 8.

HÄMORRHOIDEN - Achat, Beryll, Granat, Hämatit, Koralle, Malachit, Topas
Legen Sie sich täglich in ein Viereck aus einem der o.g. Steine: je einen auf das Kehlkopfchakra, zwischen die Beine Höhe Schienbein, zwischen die Oberschenkel und die Handteller.
Oder Nehmen Sie sich einen der Steine als Handstein-Talisman. Denken Sie darüber nach, was in Ihrem Leben längst überflüssig ist. Wenn Sie sich dessen entledigen können, genügt es, wenn Sie sich täglich 10 Minuten einen der Steine unter Ihr Steißbein legen. Akumassagepunkte Ga 39, Lu 7, KG 1, HB 4/8, Dü 5, Mi 1/8/20

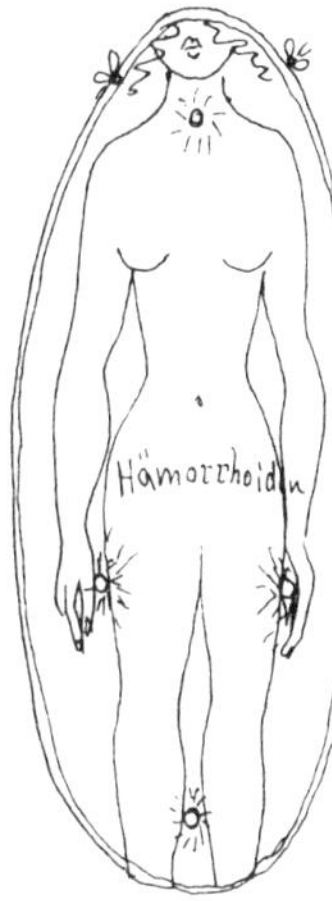

HAARAUSFALL - Baumquarz, Messing, Onyx
Legen Sie sich einen der Steine auf das Sonnengeflecht und je einen auf jedes Schienbein. Oder massieren Sie mit dem Baumquarz von dem Punkt zwischen den Augenbrauen ausgehend die gesamte Kopfhaut.
Oder nehmen Sie sich einen Handstein - Talisman und denken darüber nach, wo es Ihnen an Vertrauen mangelt und nutzen Sie den Stein, diese Schwäche zu stärken. Akumassagepunkt Ma 39

HERPES - Granat
Tragen Sie den Granat als Schmuck. Stärken Sie Ihr Sonnengeflecht und Kehlkopfchakra und massieren täglich mit den Granat die Außenseite Ihrer Füße.
Ein undurchsichtiger Granat-Kristall hat die nötige Größe und erschwinglichen Preis, um als Handstein - Talisman zu wirken. Was Sie brauchen, ist Mut, zu dem zu stehen, was Sie denken. Ihre angestaute Bitterkeit können Sie mit einer 10-tägigen Kur - auf nüchternen Magen ein Glas Crapefruitsaft - neutralisieren.

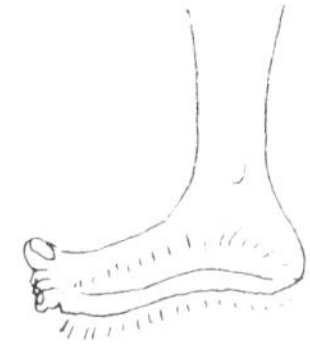

HEXENSCHUSS - Magnetit
Kleben Sie sich einen Magnetit mit einem Pflaster oder mithilfe eines Gummimieters und eingenähter Tasche fest auf den Mittelpunkt der schmerzen-

den Stelle. Oder drücken Sie täglich für 3 Minuten den Stein auf den Punkt Mitte der Ellenbeugen. Oder legen Sie sich in ein Sechseck aus Bergkristallen lt. nebenstehender Anordnung und sinnen darüber nach, wie Sie besser mit dem Ärgernissen der Mitwelt fertig werden können.

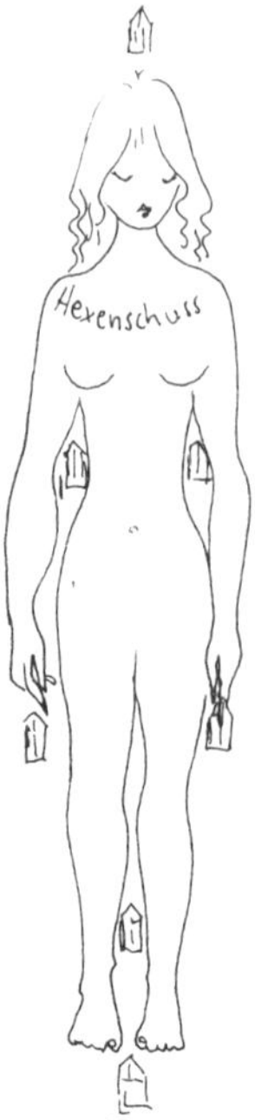

HERZKRANZGEFÄSSE - Aquamarin, Diamant, Beryll, Kunzit, Onyx

HERZ - Aquamarin, Amethyst, Kunzit, Smaragd und viele andere

Beinahe alle Steine stärken Ihre Herztätigkeit. Im akuten Fall jedoch benutzen Sie einen der o.g. Steine. Bei Überanstrengung des Herzens empfehle ich **Aquamarin** mit Quarz gemischt. Umkreisen Sie täglich beide Ellenbogen mit dem Stein. Oder legen Sie nebenstehendes Energiemuster und überprüfen Sie sich und Ihr Leben in bezug auf Liebe und liebevolle Umgebung.

Ein Handstein - Talisman aktiviert den Herzmeridian, der vom kleinen Finger über die Achseln bis zum Herzen verläuft. Als Vorbeugung gegen Herzinfarkt, Angina pectoris u.a. Herzbeschwerden ist ein Handstein oder Ring am kleinen Finger geeignet. Akumassagepunkte Ga 38, Lu 2/4/9, DE 6, KG 15, Ma 19, He 4/9, Mi 3

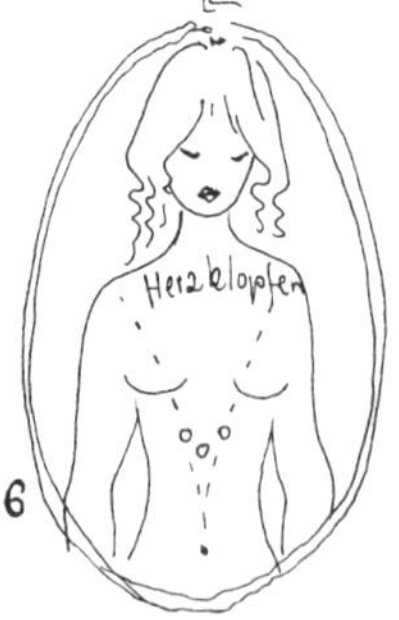

Bei Veranlagung zu starkem Herzklopfen legen Sie sich drei Steine unterhalb des Herzchakras, je einen in den Rippenbogen und einen kurz unter das Sonnengeflecht. Sie können dieses Energiefeld von den Schultern bis zum Bauchnabel beliebig vergrößern. Akumassagepunkte Ma 23, He 5, HB 6

Vorsicht!! Bei Herzkrankheiten kein Energiefeld aus Bergkristallen anwenden!!! Akumassagepunkt bei unregelmäßigem Herzschlag He 7/8

HIRNRINDE - Kupfer

Tragen Sie ein Kupferarmband

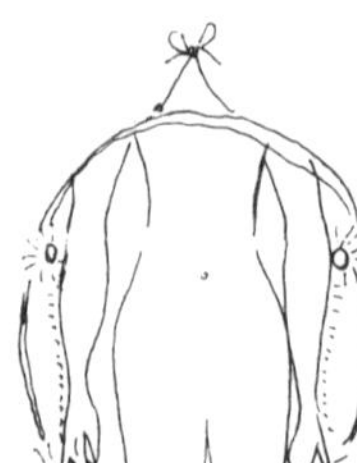

HIRNHAUTENTZÜNDUNG - Achat, Sarder

Legen Sie sich täglich einen der Steine neben den kleinen Finger und neben die Ellenbogen. Oder aktivieren Sie diesen Teil des Meridians, indem Sie mit dem Stein an ihm entlangstreichen, von unten nach oben. Oder tragen Sie einen Handstein - Talisman mit sich. Akumassagepunkte Lu 11, Dü 4

HITZEWALLUNGEN - Gold
Tragen Sie Goldschmuck und überlegen Sie, ob Sie evt. zu viel negative Gedanken Ihrer Umwelt aufnehmen. Dies können Sie verhindern, indem Sie Ihre eigenen Gedanken kontrollieren. Sie zwingen das in Ihre Aura, an was Sie denken.

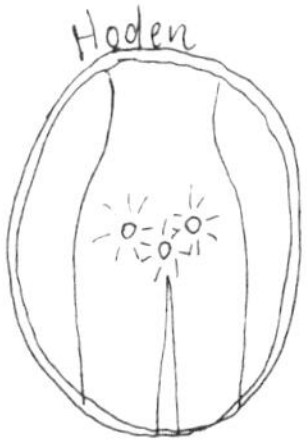

HODEN - Chrysopras, Diamant, Heliotrop, Gips, dunkler Opal, Rauchquarz, Rosenquarz, Zoisit
Legen Sie sich täglich einen oder drei der Steine auf Ihr Schambein

HODKINSCHE - Moosachat, Lapislazuli
Tragen Sie einen Talisman - Handstein mit sich und bemühen sie sich, glücklich zu sein, indem Sie Ihre Aufmerksamkeit auf die kleinen Dinge lenken, die Sie erfreuen. Sie nehmen mehr Negativität aus Ihrer Umgebung auf, als Sie verarbeiten können. Eine radikale Abwendung von allem Negativen hilft hier.

HORMONE - Flint-Feuerstein, Bergkristall, Mondstein
HORMONSYSTEM - Flint-Feuerstein, Bergkristall, Heliotrop, Jaspis Lepidolith, Magnetit, Marmor, Schwefel, Saphir, blauer Turmalin, Platin
HORMONELLES GLEICHGEWICHT - Granat, Kunzit
Tragen Sie einen der Steine mit sich als Talisman-Handstein oder als Ring am Ringfinger.
Oder legen Sie sich einen der Steine auf die Stirn zwischen die Augenbrauen und zwei nebeneinander unter den letzten Halswirbel. Von hier aus wird der Hormonhaushalt geregelt.

HYPOPHYSE - Amethyst, Bergkristall, Diamant, Mondstein, Saphir, Schwefel
Die Hypophyse ist die Steuerhauptzentrale unseres Biocomputers Körper. Hier ist die Schaltstelle und hier findet die Koordination aller Impulse statt, die in den diversen Körpern gesandt und empfangen werden. Legen Sie einen Stein auf die Stirn, einen unter den letzten Halswirbel.

HEISERKEIT - Chalzedon
Der Stein der Redner! Legen Sie sich je einen Chalzedon unter die Achselhöhlen und einen auf das Kehlkopfchakra. Denken Sie darüber nach, was Ihnen die Stimme verschlägt und ob "es" das wert ist. Akumassagepunkt Dü 19.

HUSTEN - Rutilquarz, Rosenquarz
Legen Sie sich in ein Energiefeld aus 6 Bergkristallen und zusätzlich einen der o.g. Steine auf das Herzchakra. Oder nehmen Sie zum Vorbeugen einen Handstein oder Anhänger in Herzhöhe als Talisman. Akumassagepunkte Ga 10/44, Lu 5/6/7/8/10, Le 2/14, Di 18, KG 17, Mi 14

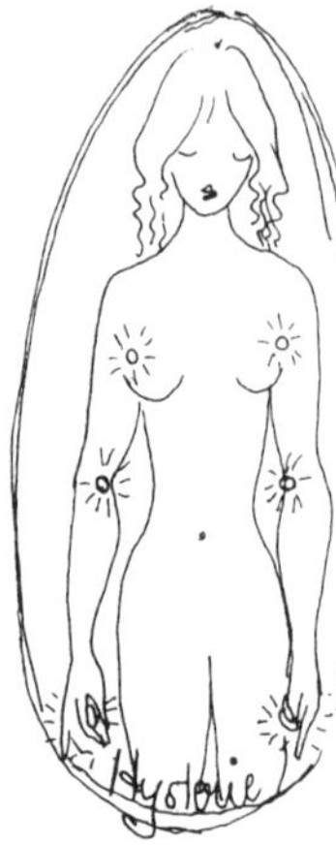

HYSTERIE - Bergkristall, Chrysopras, Hämatit, Silber
Tragen Sie ein Armband oder Handstein aus o.g. Steinen. Oder legen Sie täglich je einen Stein auf die Achselhöhlen und in die Ellenbeugen und je einen in jede Hand. Überlegen Sie wo Ihre tiefe Verwicklung mit dem Chaos zu lösen ist. Akumassagepunkte He 1/4/8

IMMUNSYSTEM - Apatit, Aquamarin, Amethyst, Blauquarz, Citrin, Gold, roter Jaspis, Jade, Malachit, Rubin, Rutilquarz, Rubellit, Schwefel, Smaragd, grüner Turmalin
Tragen Sie einen der Steine als Talisman - Handstein mit sich. Bei schwerer Störung des Immunsystems tragen Sie einen grünen Turmalin auf der Thymusdrüse. Stärken Sie somit Ihre Widerstandskraft dem Leben gegenüber und bejahen Sie Kämpfe jeder Art.

INFEKTIONEN - Baumquarz, Bergkristall, Malachit, Obsidian, Rubin, Silber
Machen Sie sich ein Elixier aus Bergkristallen und trinken täglich ein Glas davon. Oder nehmen Sie einen der Steine als Talisman - Handstein und versuchen Sie, durch veränderte Lebensumstände weniger gereizt zu sein.

ISCHIAS - Kupfer, Malachit
Legen Sie sich ein Sechseck aus Bergkristallen und ein Stück Kupfer oder Malachit unter den Ischiasnerv. Oder legen Sie unter den Rücken ein Viereck aus Malachiten - einen unter den Hals, einen zwischen die Fersen, je einen neben die Wirbelsäule neben die Ischiasnerven. Denken Sie über Ihre Existenzängste nach und ändern Sie, was Sie sich sicher fühlen läßt. Akumassagepunkte Ga 30/31/32

IMPOTENZ - Feuerachat, Chrysopras, Diamant, Gold, Silber, Granat, Rubellit, Zoisit
Legen Sie sich täglich in ein Energiefeld aus 12 Bergkristallen und zusätzlich einen der o.g. Steine auf das Schambein. Akumassagepunkte KG 2, Ma 30, Ni 2/4/6/10/13

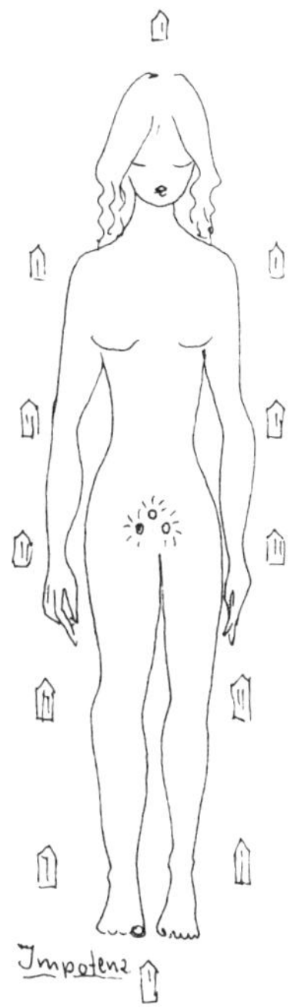

KAPPILAREN - grüner Jaspis, Granat, Heliotrop, Karneol, Koralle, Malachit, Onyx
Nehmen Sie einen der Steine als Handstein - Talisman und finden Sie die Balance zwischen Wurzel- und Herzchakra.

KALTE FÜSSE - Rosenquarz, Schneeflockenobsidian, Rauchquarz
Massieren Sie sich täglich die äußeren Seiten Ihrer Beine von Kniehhöhe bis zum Knöchel mit einem der Steine. Wenn Sie viel sitzen, können Sie sich einen Rauchquarz zwischen die Füße legen. Akumassagepunkte Ga 34/35/38

KÄLTEGEFÜHLE allgemeine - Rosenquarz, Rubin, Feueropal, Gold u.a.
Tragen Sie einen Ring mit o.g. Steinen. Akumassagepunkte Ga 18, DE 2, Le 5, Ma 42

KARIES - Calzit
Legen Sie sich nachts einen Calzit rechts und links neben das Kopfkissen in Höhe der Zähne.Oder massieren Sie sich von der Schulter aufwärts bis zu den Wangen mit dem Stein. Oder legen Sie sich je einen Stein unter den Hals und unter jede Schulter.

KEHLKOPF - Jade, Morganit, Lapislazuli, Pyrit
Tragen Sie einen Handstein Talisman mit sich. Oder massieren Sie mit dem Stein rechts und links der Nase, legen anschließend je einen Stein neben die Nase und je einen in jede Hand.

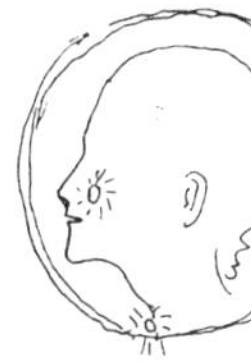

KIEFER - Aquamarin, Beryll, Diamant, Kunzit
Massieren Sie sich täglich den Kiefer bis hinter das Ohr. Oder spülen Sie sich täglich den Mund mit einem Elixier aus Beryllwasser. Akumassagepunkt Dü 19

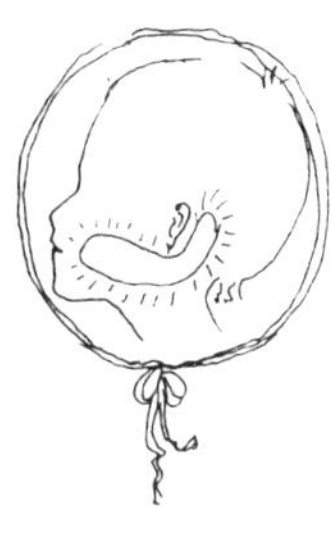

KINDERKRANKHEITEN - Gold, Malachit, Rubin, Smaragd, Turmalin
Geben Sie Ihrem Kind einen der Steine als Handstein und so viel Geborgenheit, Schutz und Liebe als möglich

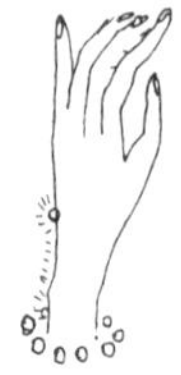

KINDERÄNGSTE - Sarder, Sodalith
Geben Sie Ihrem Kind ein Armband oder einen der Steine als Handstein - Talisman und massieren Sie mit dem Stein täglich über dem Knöchel des Unterarmes. Akumassagepunkt Dü 5

KLEINHIRN - Hämatit, Milchquarz, weisser Achat
Massieren Sie mit einem der Steine täglich den Hinterkopf, besonders über dem letzten Halswirbel und dort, wo uns keine Hörner gewachsen sind. Setzen Sie Ihren Lebenswillen durch.

KNIE - Onyx
Massieren Sie täglich die Knie, insbesondere die Kniekehle. Akumassagepunkt Ga 33.

KNOCHEN - Bronce, Calzit, Elfenbein, Fluorid, Gold, Lapislazuli, Rhodonit, Tigerauge s.u.

KNOCHENWACHSTUM - dunkler Opal
Nehmen Sie sich einen der Steine als Handstein - Talisman. Die Knochen sind Ihre stärkste Stütze im Leben. Geben Sie nicht auf.

KNOCHENMARK - Chalzedon, Helioptrop, dunkler Opal
Machen Sie sich aus einem der Steine ein Elixier und trinken Sie dies täglich.

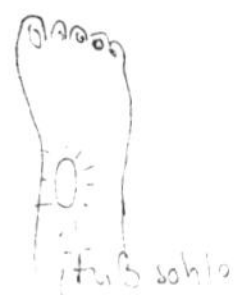

KÜHLEND weil minuspolig - Amethyst, Calzit, Falkenauge, Jade, Moosachat, Wasseropal als Handstein

KOPFSCHMERZEN - Amethyst, Hämatit, Kunzit, Lapislazuli, Magnetit, Platin, Rubin, Saphir, Smaragd, Silber
Überdenken Sie zuerst, daß sich Ihre Probleme mit der Umwelt gegen sich selbst richten, auch wenn Ihnen das nicht bewußt ist. Als zweites überlegen Sie, was die Ursache Ihrer Kopfschmerzen ist. Danach richtet sich die Methode, nach der Sie vorgehen können.

Ergänzung Seite 95 ⟶

ERDUNG? - Beachten Sie Kapitel Erdung und nehmen sich einen Hämatit als Talisman - Handstein oder Anhänger

ÄRGER? - Massieren Sie den gesamten Gallenblasenmeridian, insbesondere Anfang und Ende des Meridians, mit einem Lapislazuli und nehmen Sie sich einen Rubin als Talisman.

VERGIFTUNG? - Massieren Sie den Fuß insbesondere zwischen großer und nächster Zehe mit einem Hämatit oder Rubellit. Legen Sie sich anschließend einen Hämatit unter das Steißbein oder den Rubellit auf das Herzchakra, 10 Minuten zur Entspannung.

HERZENSANGELEGENHEITEN - Legen Sie einen Amethyst, Kunzit oder Smaragd in das Waschbecken. Nach einer Stunde legen Sie Ihre beiden Arme in das Wasser. Einen der Steine als Talisman - Handstein aktiviert Ihren Herzmeridian und regelt damit Ihre Offenheit. Oder tragen Sie einen Silberring am kleinen Finger - für gewöhnlich Männer links, Frauen rechts.

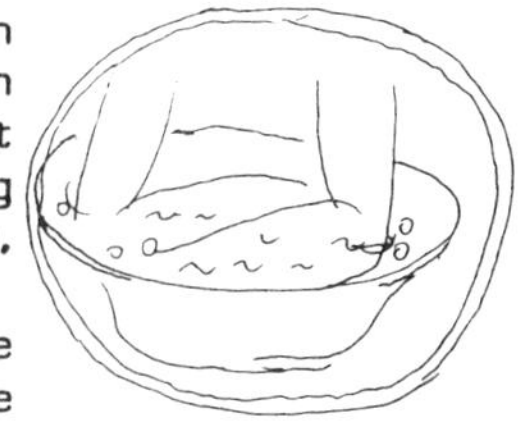

SORGEN oder zuviel GEDANKEN? - Legen Sie sich einen Saphir auf die Stirn zwischen die Augenbrauen zum Entspannen. Oder tragen Sie einen Saphirring am Ringfinger.

MAGEN, NERVEN und sonstige VERDAUUNGSPROBLEME? - Legen Sie sich einen Saphir auf die Stirn, nachdem Sie mit dem Saphir die Seiten Ihrer Wangen massiert haben.

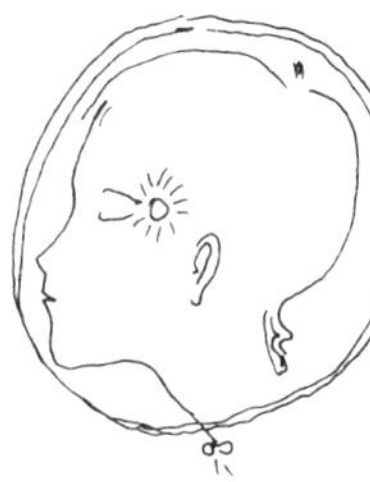

IST DIE WELT ZU KALT? - Tragen Sie einen Silber- oder Rubinring am Ringfinger und massieren Sie zusätzlich die Enden Ihrer Augenbrauen mit einem der Steine.

TRAGEN Sie zu viel Brillianten und Gold? Dann haben Sie einen Überschuß an Yang-Energie. Das können Sie mit Silber- oder Amethystschmuck ausgleichen, oder einem Handschmeichler aus Amethyst.

Akumassagepunkte Ga 1/7/8/9/14/15/18/19/44 DE 1/3/23, Le 1, Ma 2/9, He 2/5, HB 5, Dü 4/9

KRAMPFADERN - Magnesit

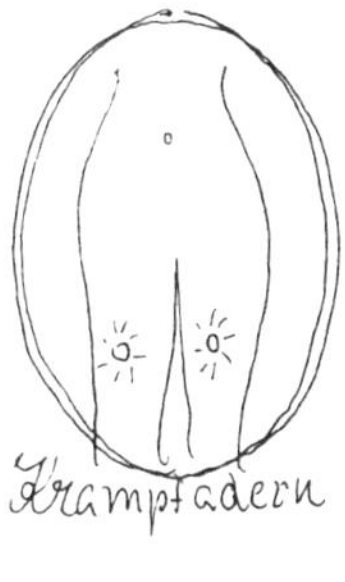

Binden Sie sich einen oder mehrere Magnesite in eine Binde um die Krampfader mit ein oder massieren Sie die Mitte Ihrer Oberschenkel mit einem Magnesit. Legen Sie ihn anschließend zur Entspannung auf die Oberschenkel.

KEUCHHUSTEN - Rutilquarz
Tragen Sie eine Kette aus Rutilquarz

KRÄMPFE - Malachit, Magnetit
Krämpfe in den Extremitäten - massieren Sie um den Punkt zwischen kleiner und zweiter Zehe, Ga 43.
Hals, Nacken und Arme - tragen Sie ein Armband. Akumassagepunkt He 5.
Arme - massieren Sie die Verlängerung des kleinen Fingers, Dü 3.
Innerliche Krämpfe - legen Sie einen Malachit oder Magnetit auf die Stelle des Krampfes oder nehmen Sie einen Handstein.

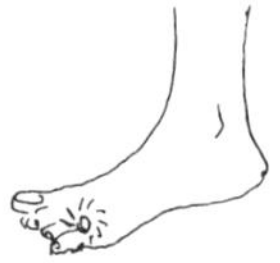

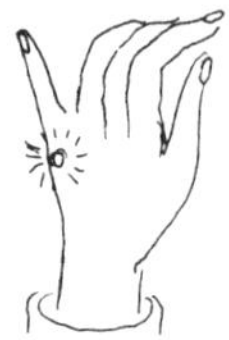

KREBS - Rauchquarz, grüner Turmalin
Tragen Sie einen Handstein - Talisman.
Brustkrebs - tragen Sie ein Armband aus o.g. Steinen. Akumassagepunkt HB 7
KREBS -VORSTADIUM - Azurit-Malachit, Beryll, Elfenbein, Fluorid, Gold, Herkimer, Lapislazuli, Opal, Pyrit, Rosenquarz, Rubin, Smaragd, Topas, Turmalin grün und schwarz
Trinken Sie täglich ein Elixier aus Bergkristallwasser. Benutzen Sie einen der Steine als Talisman - Handstein. Geeignete Steine können Sie sich auf die Stirn legen, um das befallene Organ zu stärken: z.B. bei Unterleibskrebs einen Mondstein auf die Stirn, bei Kehlkopf - einen Beryll auf das Kehlkopfzentrum u.s.w.
Vergeben Sie sich und Ihrer Umwelt alles Vergangene.

KREISLAUF - regulierend - Chrysokoll, Chalzedon, Hämatit, Gold, Koralle, Kunzit, Lapislazuli, Opal, Pyrit, Rosenquarz, Rubin, Smaragd, Topas, grüner und schwarzer Turmalin
Jeder der Steine reguliert über die Hand den Kreislauf als Handstein. Akumassagepunkt HB 9

KOLIK - Magnesit, Malachit, Saphir
Legen Sie sich einen der Steine kurz unter den Bauchnabel. Akumassagepunkt KG 7

KRÄTZE - Chrysopras
Legen Sie sich täglich je einen Chrysopras oberhalb der Brustspitzen auf. Akumassagepunkt Ma 16.

KROPF - Aquamarin, Magnesit, Mondstein, Topas
Legen Sie sich vier Steine auf den Oberkörper, je einen unter den Kropf, auf und unter jede Achselhöhle und massieren Sie anschließend die Außenseite der unteren Wade.

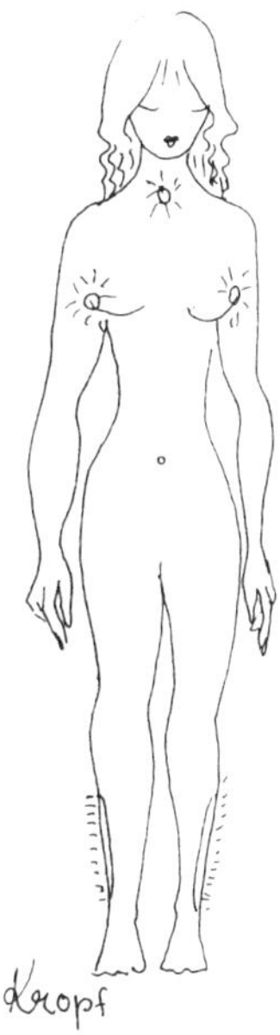

KURZSICHTIGKEIT - Aventurin, Jade, Lapislazuli, Prasem, Saphir
Halten Sie einen der o.g. Steine jeweils 3 Minuten auf nebenstehende Punkte - Ga 1, Ma 3, Ni 4 -und massieren Sie Ihre Fersen. Legen Sie sich anschließend in ein Energiefeld aus 4 Bergkristall-Kugeln und sinnieren Sie darüber nach, daß Angst vor der Zukunft nicht nötig ist.

LANGLEBIGKEIT - Zinnober als Handstein

LÄHMUNG - Gold, Platin
Tragen Sie viel Ketten aus Gold und Platin. Legen Sie sich regelmäßig in ein Energiefeld aus 6-12 Bergkristallen. Überprüfen Sie Ihre Gedankenwelt. Es sind Ihre Gedanken, die Sie lähmen. Akumassagepunkt Ga 40, Glieder Ma 31/33, He 1, Arme - HB 1, Füsse - Mi 1, Ni 7

LEBER - Azurit-Malachit, Beryll, Bernstein, Gold, Granat, Hämatit Koralle, Lepidolit, Magnesit, Moosachat, dunkler Opal, Peridot, Rubellit, Tigerauge, Silber
Legen Sie sich in ein Energiefeld aus 6 Bergkristallen und zusätzlich ein Viereck aus o.g. Steinen auf Ihren Bauch, vom Sakralchakra bis in den Rippenbogen und je einen seitlich, damit ein gleichschenkeliges Viereck entsteht.

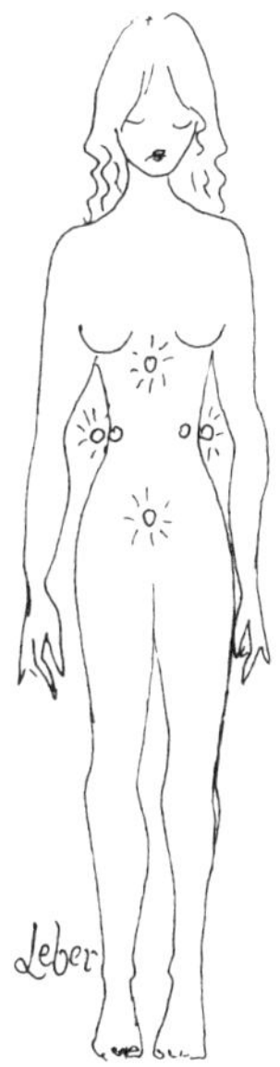

LAMPENFIEBER - Lepidolit, oder Ihr Lieblingsstein.
Tragen Sie einen Stein am Ring des linken kleinen Fingers oder als Handstein mit sich.

LEUKÄMIE - Alexandrit, Bergkristall, Bronce, Chalzedon, Diopsid, Elfenbein, Heliotrop, Koralle, Malachit, Opal, Rosenquarz, Rubin
Legen Sie sich täglich in ein Energiefeld aus 6 Bergkristallen und stärken Sie mit einem Alexandrit (künstlich), Malachit, Opal oder Rosenquarz Ihr Herz, mit Bronce, Heliotrop oder Elfenbein Ihr Sonnengeflecht.
Oder aktivieren und harmonisieren Sie mit allen

Steinen täglich Ihre Chakren. Hören Sie auf Ihr Höheres Selbst, auf Ihre Seelenverbindung und ändern Sie, was Sie ändern können. Wechseln Sie einen Tag um den anderen ab mit den Übungen Teros, Seite 9, und Sonnengebet, Seite 6.

LESESTÖRUNGEN - Amethyst, Bandachat, Diamant, Gold, Malachit, Opal, Rhodonit, Silber, Topas
Nehmen Sie einen der Steine als Handstein - Talisman

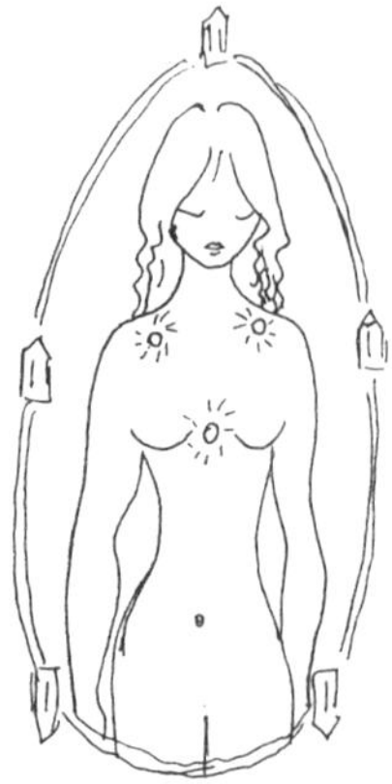

LUNGE -- Achate, Bergkristall, Fluorid, Jaspis, Koralle, Lapislazuli, Magnesit, Pyrit, Rhodonit, Schwefel
Legen Sie sich in ein Sechseck aus Bergkristallen, zusätzlich je einen Stein auf die weichen Stellen der Schultern und einen Rhodonit auf das Herz. Lassen Sie sich mit einer anschließenden Massage des Oberkörpers mit einem der Steine die emotionalen Wunden heilen.

LUFTRÖHRE - Amethyst, Blauquarz, Chrysokoll
Tragen Sie einen Anhänger aus einem der Steine so nah als möglich am Hals

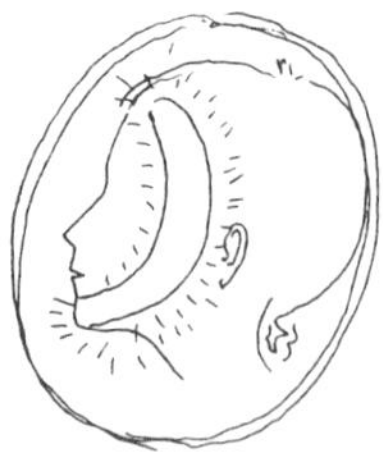

LICHTEMPFINDLICHKEIT - Citrin, Selenit
Massieren Sie sich die Schläfen mit einem Citrin, vom Haaransatz bis zum Kinn. Nehmen Sie anschließend in jede Hand einen Selenit und entspannen Sie damit. Akumassagepunkte Ga 3, Ma 1/8

LYMPHE - Bergkristall, Koralle, Lapislazuli, Morion, Mondstein, Moosachat, Smaragd, grüner Turmalin, Topas
Lassen Sie sich täglich mit einem Bergkristall eine Ganzkörpermassage geben. Ist das nicht möglich, so baden Sie jeden Tag in einem Wasser, welches mindestens 1 Stunde mit Kristallen aufgeladen wurde. Oder legen Sie sich täglich in ein Energiefeld aus 6 bis 12 Bergkristallen. Tragen Sie zusätzlich einen der anderen Steine als Talisman - Anhänger oder Handstein mit sich. Sie sind an der Belastungsgrenze der Verarbeitung negativer Energien angelangt. Es ist höchste Zeit, daß Sie sich auf die Schönheit des Lebens besinnen. Akumassagepunkt bei Entzündung der Lymphe Di 10

MAGEN -Aquamarin, Bergkristall, Heliotrop, Gips, Magnesit, Malachit, Mondstein, Onyx, Pyrit, Perle, Selenit, Saphir, Silber
Stärken Sie Ihr Sonnengeflecht mit einem der Steine

als Anhänger direkt über dem Magen.

MAGENSCHLEIMHAUT - legen Sie sich je einen Stein rechts und links oberhalb des Magens in den Rippenbogen, je einen seitwärts auf die Taille und je einen neben die Innenseiten der Knie. Akumassagepunkte Ma 21/22/36, HB 5, Mi 13, Ni 20

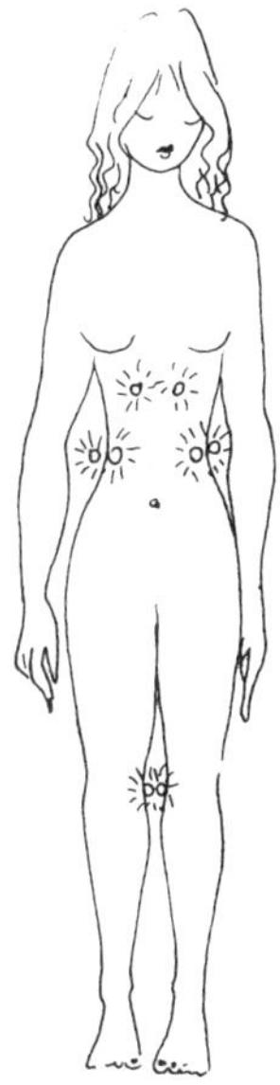

MAGENGESCHWÜR - Bergkristall, Gold, Malachit, Mondstein, Obsidian, Pyrit, Rauchquarz, Saphir, Topas, Wasseropal
Tragen Sie einen der Steine als Halskette oder als Armband. Akumassagepunkt Ga 21, HB 7
Mit dem Magen verdaut man auch die Probleme der Umwelt. Hier ist auch der Kontaktpunkt zur Astralwelt. Schützen Sie Ihren Magen vor dem was für Sie nicht zu verdauen ist. Notfalls ist ein Wechsel angesagt.

MANDELN - Amethyst
Tragen Sie zur Stärkung einen Anhänger aus Amethyst
MANDELENTZÜNDUNG - Lapislazuli, Pyrit
Massieren Sie mit einem der Steine beide Ellenbogen. Akumassage-punkt DE 10.

MAGERSUCHT - Azurit-Malachit, Carneol, Flint, Moosachat, Silber
Tragen Sie aus einem der Steine einen Handstein oder ein Armband. Siehe Nervosität

MASTDARM - Silber, Schwefel
Tragen Sie silberne Fußkettchen.

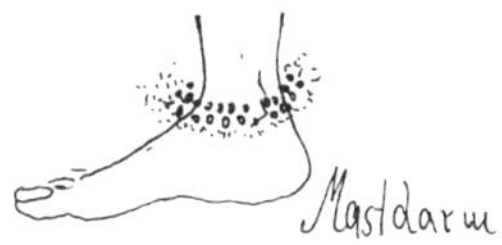

MASERN - siehe Kinderkrankheiten
Reiben Sie mit einem der grünen Steine die Innenseiten der unteren Beine um und über den Knöcheln. Akumassagepunkte HB 3, Ni 2
MENIERE - Kunzit als Talisman - Handstein

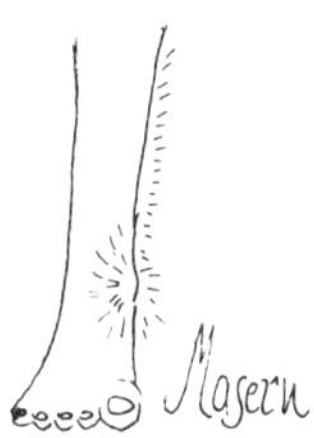

MENSTRUATION - Beryll, Carneol, Jade, Koralle, Lapislazuli, Magnesit, Platin, Rubellit, Silber
Binden Sie sich einen der Steine mit einem Gummimieter fest auf den Bauch. Akumassagepunkte Ga 26/29, Le 5/9, KG 1/2/4/5/6, HB 5/6, Mi 8
Bei zu langer Menses legen Sie sich zusätzlich je einen Stein etwas über die Brustspitzen und zwischen die Knöchel. Akumassagepunkte Ma 18, Ni 5/6

MIGRÄNE - Jade, Amethyst
Jade als Anhänger gleicht die Polaritäten aus und wirkt vorbeugend.
Den Amethyst können Sie im akuten Fall für Akumassage verwenden: massieren Sie die obere Kopfhälfte und geben Sie sich Energie über den Punkt unterhalb des Daumens.
Oder legen Sie sich in ein Sechseck aus Berg-kristallen, wobei das innere Viereck des Sechseckes neben Ellenbogen und Handgelenken liegen soll. Legen Sie sich zusätzlich zwei Amethyste rechts und links über den Kopf.
Tragen Sie ein Armband und Fußkettchen aus Silber.
Entspannen Sie, auch wenn es Ihnen schwerfüllt. Finden Sie Ihren natürlichen Rhytmus zwischen aktiv und passiv in Ihrem Leben. Akumassagepunkte Ga 20, Di 4

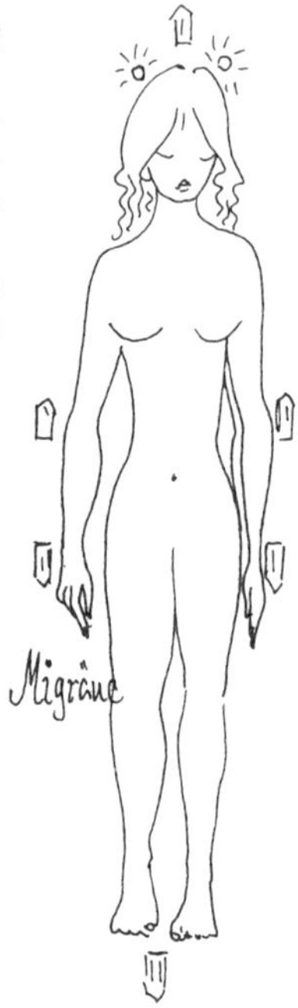

MILZ - Achat, Aquamarin, Baumquarz, Calzit, Chalzedon, Diamant, Jade, Heliotrop, Malachit, Mondstein, Marmor, Perle, Peridot, Rubin, Rhodochrosit, schwarzer Turmalin, Wasseropal
Legen Sie sich aus einem der Steine ein Viereck unter den Rücken: oberster Stein zwischen die Schulterblätter, je einen neben die Taille, einen zwischen die Waden.

MILCHBILDUNG - Chalzedon, Malachit
Legen Sie sich je einen der Steine auf die Achsel, auf jede Lende und lassen Sie sich den gesamten Oberkörper von der Mitte aus über diese Punkte nach außen massieren. Akumassagepunkte Mi 1, HB 1

MITTELHIRN - Amethyst
Legen Sie sich je einen Amethyst zwischen die Augenbrauen und einen unter den letzten Halswirbel

MONGOLISMUS - Kunzit
Tragen Sie einen Kunzit als Anhänger - Talisman

MONDSUCHT - Achat
Tragen Sie zum Vorbeugen und Stabilisieren Ihres Emotionalkörpers einen Achat als Anhänger über dem Sonnengeflecht.

MOTORIK - Apatit
Lassen Sie sich täglich mit dem Stein Ihr Rückgrad massieren: dreimal von unten nach oben, indem

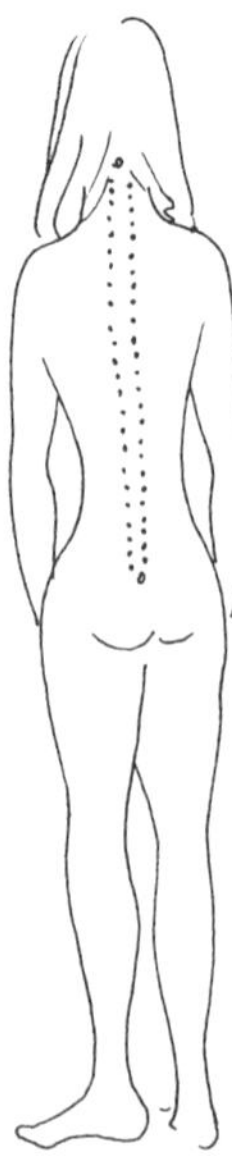
Motorik

genau rechts und links neben der Wirbelsäule mit dem Apatit nur kurz angetupft wird - Punkt neben Punkt. Anschließen massieren Sie mit dem gleichen Stein den ganzen Hinterkopf. Oder legen Sie zwei Apatite nachts unter das Kopfkissen.

MULTIPLE SKLEROSE - Chrysopras, Gold
Legen Sie sich in ein Viereck aus Chrysoprasen, einer auf das Herzchakra, einer ca. 30 cm über dem Kopf, je einen ca. 30 cm neben die Ohren.
Tragen Sie Goldschmuck.

MUND - Jaspis
Massieren Sie die Partie um den Mund und um die Ohren. Akumassieren Sie Punkt Ga 11 hinter den Ohren ca. 3 Minuten. Teilen Sie sich anderen mit und versuchen Sie, flexibler zu sein.

MUNDSPÜLUNG - Lapislazuli
Machen Sie sich ein Elixier aus Lapislazuli

MUMPS - Lehm
Halten Sie 3 x pro Tag ca. 3 Minuten ein Stück Lehm hinter die Ohren. Akumassagepunkt DE 17

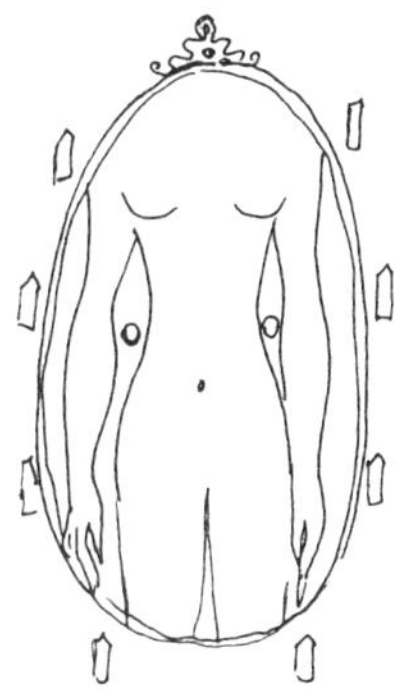

MUSKELSYSTEM - Apatit, Aventurin, Azurit-Malachit, Blauquarz, Gold, grüner Jaspis, Morganit, Obsidian, Perle, Türkis
Muskelschwäche - legen Sie sich täglich in ein Energiefeld aus 12 Bergkristallen, zusätzlich zwei der o.g. Steine neben die Taille. Akumassagepunkt Ga 26

MUSKELKRÄMPFE - massieren Sie die Stellen mit einem der Steine. Akumassagepunkte Ga 24/32/40

MUSKELDYSTROPHIE - Azurit-Malachit, Gold
Legen Sie sich täglich in ein Energiefeld aus 6 oder 12 Bergkristallen und legen Sie auf die betroffenen Stellen einen AzuritMalachit. Tragen Sie außerdem Goldschmuck und ändern Sie Ihre Eßgewohnheiten.

MUSKELKATER - Sie können mit einem Talisman aus Rubin und weißem Achat vorbeugen.

MUTLOSIGKEIT - Sodalith
Tragen Sie einen Handstein aus Sodalith mit sich. Akumassagepunkt He 9

MENTALE DISHARMONIE - Charoit, schwarze Jade, Dentridenjaspis, Serpentin
Legen Sie sich einen der Steine täglich auf die höchste Stelle im Rippenbogen, Akumassagepunkt KG 15.

NÄGEL - Graphit, Schwefel, Onyx
Hier hilft ein Handstein und ein Nachdenken darüber, wofür man seine "Krallen" braucht. Sie sollten sie einsetzen.

NACKEN - Aquamarin, Kunzit, Magnetit
Tragen Sie eine Kette aus Aquamarin oder Kunzit, keinen Anhänger. Oder massieren Sie täglich die Nackenpartie mit einem der Steine.
Bei akuter Verspannung - massieren Sie mit dem Stein rund um das Ohr, über den Nacken zu den Schultern. Akumassagepunkte Ga 7/10/12, DE 12, bei Nackenschwellungen Ga 40

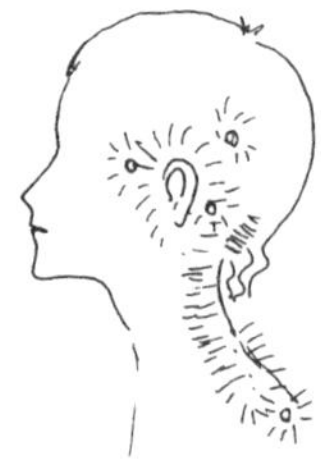

NASENBLUTEN - Carneol
Tragen Sie ein Armband aus Carneol. Oder massieren Sie täglich etwa 2 Monate lang rund um das Ohr und die große Zehe. Akumassagepunkte Ga 5/20, HB 4, Mi 1

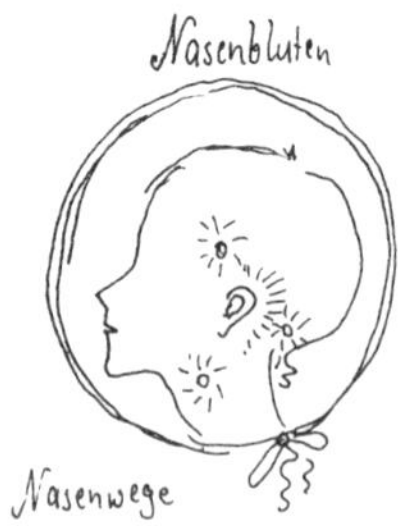

NASENWEGE - Silber, Türkis
Tragen Sie eine Kette oder Armband aus Silber oder Türkis. Oder massieren Sie mit dem Türkis hinter dem Ohr. Akumassagepunkte Ga 20, Di 18, He 7
Riechen - massieren Sie stattdessen mit einem Jaspis.

NACHTSCHWEISS - Gold - Schmuck

NEBENNIEREN - Rauchquarz, Peridot, Perle
Legen Sie sich einen Rauchquarz täglich auf das Wurzelchakra oder einen der o.g. Steine unter die Zunge. Tragen Sie Schmuck aus Peridot - Ringfinger - oder Perlen.

NEBENHÖHLEN - Amethyst
Massieren Sie die Seiten der Nase täglich. Bei akuter Entzündung massieren Sie Punkt Ma 45 mit dem Stein.

NIEREN - beinahe alle gängigen Steine wirken positiv auf die Niere. Legen Sie sich mindestens vier auf die Leisten

NERVENSYSTEM - beinahe alle Steine wirken positiv auf das Nervensystem
Trinken Sie täglich ein Elixier, das mit Bergkristall angereichert ist.
Nervenschwäche - Tragen Sie ein Armband aus Ihrem Lieblingsstein. Akumassagepunkt HB 5
Nervöser Schlaf - Legen Sie sich 2 beruhigende Steine auf jedes Schlüsselbein vor dem Einschlafen. Akumassagepunkt Ma 12
Nervosität - legen Sie sich täglich zwei Steine auf den Oberkörper und zwei auf die Knie. Unterstützen können Sie die Wirkung mit einem Sechs- oder Zwölfeck aus Bergkristallen. Akumassagepunkt Ma 36, Ni 27
Nervenentzündung - legen Sie zwei Steine unterhalb des Bauchnabels, je einen unter die Achselhöhle und massieren Sie hinter dem Ohr. Akumassagepunkte Ma 28, Dü 9/17

NERVENSCHMERZEN - NEURALGIE - Jade
Tragen Sie einen Jadering am Ringfinger oder einen Handstein. Massieren Sie die gesamte Hand und massieren Sie ca. 3 Minuten Di 3 und Dü 2

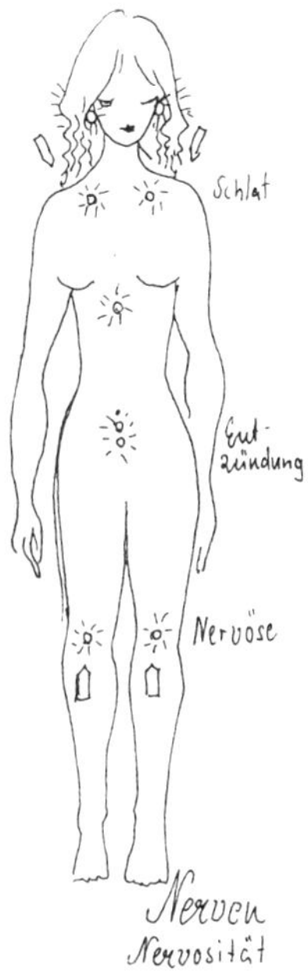

NYMPHOMANIE - Diamant, Perle
Tragen Sie einen Brilliantring oder eine Perle. Oder legen Sie sich nachts einen der beiden unter das Kopfkissen. Akumassagepunkt B 10

OHRENSAUSEN - Jaspis
Tragen Sie ein Armband aus Jaspis. Akumassagepunkte DE 10, Di 5, Dü 4

OHREN Gehör - Fluorid, Kunzit, Platin, Rhodonit, Silber, Zinnober
Legen Sie sich täglich je einen der Steine auf die obersten Rippen. Akumassagepunkte Ni 25

OHNMACHT - Malachit
Neigen Sie zu Ohnmachtsanfällen, können Sie mit einem Handstein oder Anhänger vorbeugen. Geben Sie Akupressur mit dem Malachit auf Punkt HB 9, Mittelfinger und Ga 13, Haaransatz.

ORGANVERPFLANZUNG – Diamant
Sie können die Heilung unterstützen mit einem Anhänger oder Ring aus Brillianten oder Diamanten.

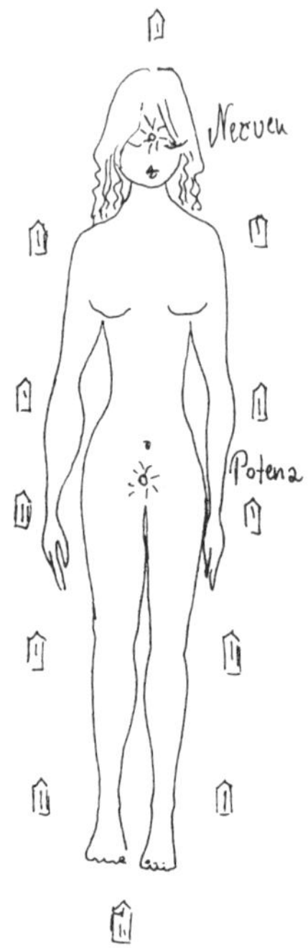

PARASYMPATISCHES NERVENSYSTEM – Blauquarz, gelber und roter Jaspis, Jade, Lapislazuli, Morganit, Rosenquarz, Sardonyx, blauer Turmalin
Legen Sie sich täglich in ein Energiefeld aus 6 oder 12 Bergkristallen. Legen Sie zusätzlich einen der o.g. Steine auf die Stirn zwischen die Augenbrauen und einen unter den letzten Halswirbel. Akumassagepunkt LG 16

PARKINSONSCHE KRANKHEIT – Kunzit
Tragen Sie einen Kunzit-Anhänger etwa über Herzhöhe

POTENZSCHWÄCHE – Diamant, Gold, Granat, Rosenquarz, dunkler Opal, rosa und schwarzer Turmalin, Silber
Legen Sie sich in ein Energiefeld aus 12 Bergkristallen und auf Punkt KG 2 einen der o.g. Steine. Akumassagepunkte KG 2, Ma 30, Ni 2/4/6/10/13

PROGERIE – Landschaftsjaspis
Geben Sie Ihrem Kind einen Handstein oder Anhänger als Talisman aus Landschaftsjaspis

PROSTATA – Achat, Chrysopras, Magnesit, Gips, Selenit
Legen Sie sich täglich in ein Energiefeld aus 12 Bergkristallen und zusätzlich einen der o.g. Steine auf den Bauchnabel. Tragen Sie einen der o.g. Steine als Handstein mit sich in der Hosentasche.

PERNIZIÖSE ANÄMIE – Malachit, Kupfer
Tragen Sie einen Kupferarmreif und massieren Sie täglich den Ellenbogen mit einem Malachit

PILZE – Kupfer, Malachit
Tragen Sie Kupfer oder Malachit als Schmuck. Fußpilze – machen Sie sich ein Elixier aus Malachit und baden Sie Ihre Füße darin.

POLYPEN – weisser Achat mit Türkis
Tragen Sie einen Talisman aus beiden Steinen. Oder legen Sie sich beide Steine täglich zusammen auf den obersten Rippenbogen. Akumassagepunkt Ni 22

PULS - Magnetit, Moosachat
Legen Sie sich täglich einen der Steine auf den Puls

PSYCHE - entrückte Seele - Landschaftsjaspis
Nehmen Sie einen Landschaftsjaspis so oft als möglich zwischen Zähne und Lippen in den Mund

RADIOAKTIVITÄT - Magnesit
Nehmen Sie täglich 5 Minuten in jede Hand einen Magnesit. Da der Stein die Radioaktivität absorbiert, müssen Sie ihn unbedingt gründlich reinigen

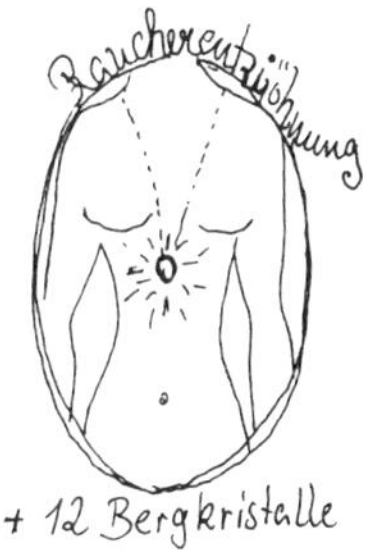

RAUCHERENTWÖHNUNG - Botswana-Achat, weisser Achat mit Rubin
Tragen Sie ein Armband oder Anhänger direkt über dem Sonnengeflecht aus beiden Steinen, dem Rubin und weissem Achat, oder aus Botswana-Achat. Legen Sie sich täglich in ein Energiefeld aus 12 Bergkristallen und zusätzlich o.g. Steine auf das Sonnengeflecht.

REFLEXSTEIGERUNG - Magnesit als Handstein

RHEUMA - Baumquarz, Chrysokoll, Gold, Magnetit, Malachit, Schwefel, Ton
Tragen Sie mithilfe eines Heftpflasters einen Magnetit auf den schmerzenden Stellen, oder ein Goldarmband bei Rheuma in den Armen.
Oder legen Sie sich in ein Energiefeld aus 12 Baumquarzen. Als Vorbeugung hilft ein Handstein - Talisman aus Baumquarz, Malachit oder Chrysokoll oder ein Stück weicher Ton. Akumassagepunkte Ga 4/20/21/30/39/41, Le 7, Ma 38

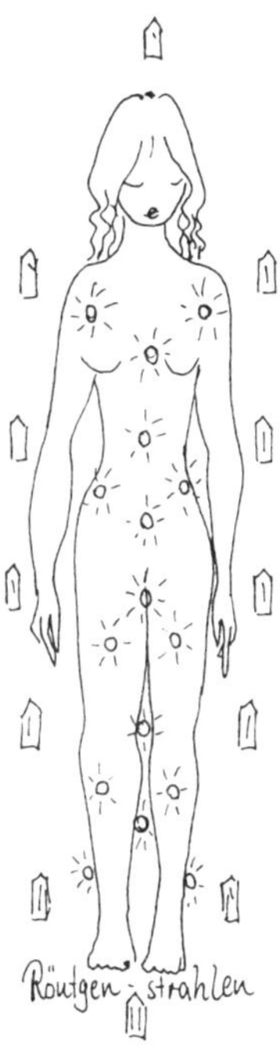

RÜCKENMARK -Chrysocoll
Legen Sie sich einen Chrysokoll an das untere und obere Ende der Wirbelsäule

RÖNTGENSTRAHLEN - Apatit, Bronce, Herkimer, Gold, grüner Jaspis, Malachit, Magnetit, dunkler Opal, Smaragd, Saphir, Sodalith, Silber, Rubellit, Türkis, sämtliche transparenten Quarze
Legen Sie sich in ein Sechseck aus Bergkristallen und überall dort, wo sich eine der entstandenen Kraftlinien kreuzt, legen Sie einen der o.g. Steine auf.
Zur Vorsorge - tragen Sie einen Handstein oder Anhänger - Talisman aus einem der o.g. Steine

RÜCKENSCHMERZEN – Blau- und Grünquarz, Aventurin, grüner Jaspis, Morganit, Obsidian, Prasem Legen Sie sich unter die Schultern, neben die obersten Rippen und in die Taille je einen der o.g. Steine. Oder lassen Sie sich den Rücken mit einem der o.g. Steine massieren. Akumassagepunkte Ga 25/27, DE 3/13, Le 9, Di 14

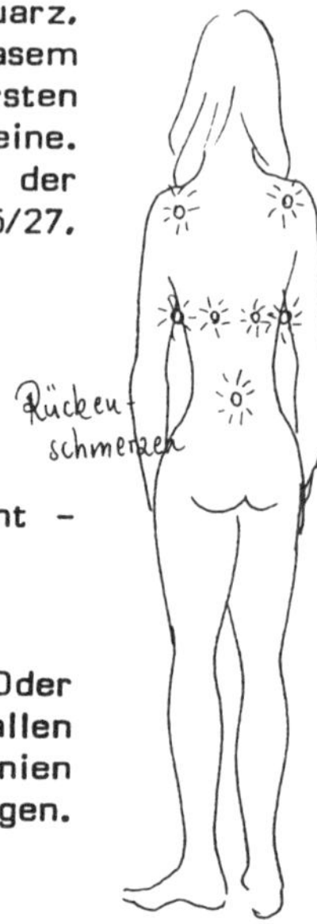

SCHARLACH – Kupfer, Malachit
als Handstein

SCHÄDEL – Diamant
Massieren Sie ohne Druck mit einem Diamant - Schmuck - Ihre Schädeldecke

SCHLAFSUCHT – Rhodochrosit, Tigerauge
Tragen Sie einen Anhänger aus o.g. Steinen. Oder legen Sie sich in ein Sechseck aus Bergkristallen und überall dort, wo eine Kreuzung der Kraftlinien entsteht, einen der o.g. Steine legen. Akumassagepunkte DE 8, Le 1, Di 13

SCHLAFSTÖRUNGEN – Lepidolith, Saphir
Massieren Sie sich vor dem Einschlafen die Punkte in der Kuhle Rist und legen einen auf die Stirn zwischen die Augenbrauen. Wenn Sie nachts aufwachen, legen Sie erneut den Stein auf die Stirn.
Oder legen Sie sich tagsüber in ein Energiefeld aus 12 Bergkristallen.
Oder Legen Sie sich zwei Lepidolithe rechts und links unter den Bauchnabel und einen auf die Stirn. Akumassagepunkte Ga 12/44, Lu 1/9, Di 4, Ma 27/45, unruhiger Schlaf He 7, HB 6, Ni 3

SCHILDDRÜSENREGULIERUNG – Azurit, Bergkristall, Chrysokoll, Kunzit, Magnesit
Legen Sie sich einen der Steine auf die Schilddrüse und einen unter den Hals in gleicher Höhe.

SCHILDDRÜSENUNTERFUNKTION – Azurit s.o.

SCHLAGANFALL – Diamant
Legen Sie sich sechs Bergkristalle zu einem Sechseck, je zwei in die Ellenbeugen, je einen auf jedes Handgelenk, einen zwischen die Schienbeine, einen oder den Diamanten über den Kopf.
Oder tragen Sie einen Diamant- oder Brilliantring am Mittel- oder kleinen Finger. Akumassagepunkte Ma 37, HB 3, Dü 4

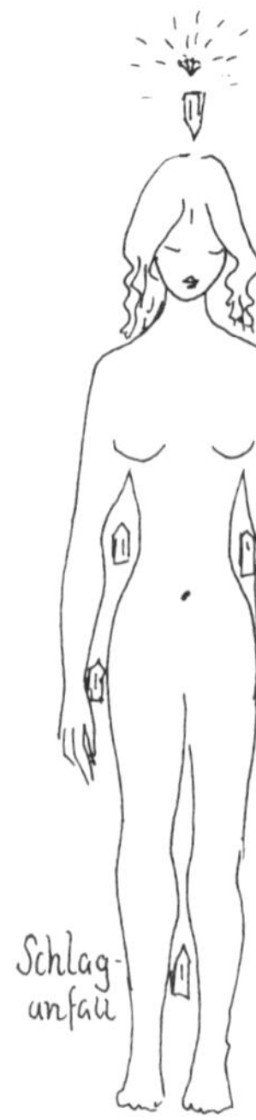

SCHLEIMHAUT - Fluorit, Gipskristalle, Selenit, Koralle
Legen Sie einen der Steine auf das zuständige Chakra. Oder nehmen Sie sich einen Handstein - Talisman.

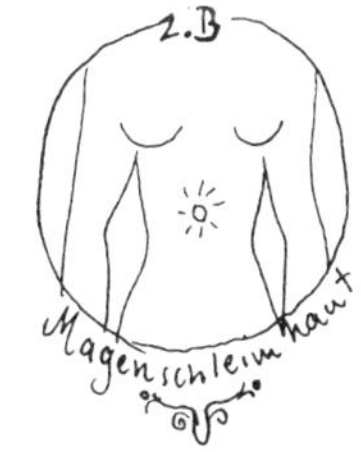

SCHLUCKAUF - Beryll
Tragen Sie einen Beryllanhänger in Höhe des Rippenbogens. Oder legen Sie sich ein Viereck. Wenn Sie Kristalle haben, legen Sie die Spitzen nach innen und einen in die Mitte mit der Spitze zum Hals zeigend.
Oder lassen Sie sich mit dem Beryll den Oberkörper massieren. Akumassagepunkte Ga 24, KG 13, Ma 18

SCHMERZEN - Amethyst, Jaspis, Kunzit, Malachit, Magnetit, Saphir, Silber
Massieren Sie ohne Druck die schmerzenden Stellen, notfalls über dem Verband. Oder binden Sie die Steine mit in den Verband.
Bei Schmerzen in den Armen - ein Handstein oder legen Sie sich ein Viereck auf die Brust und je einen Stein auf den Unterarm. Akumassagepunkte Di 7, Mi 17/19

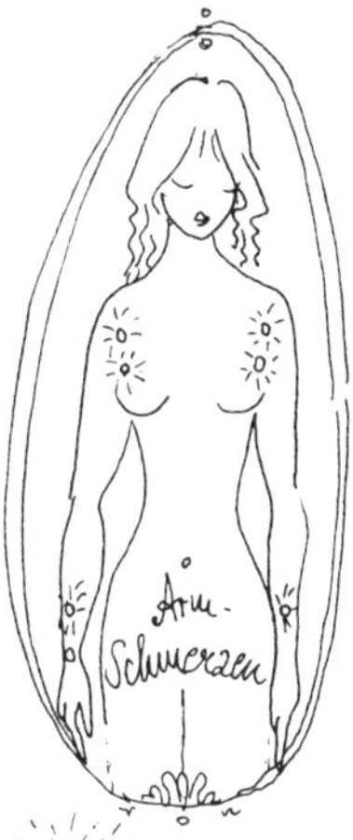

SCHNUPFEN - Rosenquarz, Sodalith
Massieren Sie den Ringfinger-Anfang. Oder tragen Sie einen Ring aus Rosenquarz oder Sodalith. Akumassagepunkt Dü 2

SCHULTERN - Diamant, Kunzit, Magnetit
Trinken Sie täglich ein Elixier aus Diamant-Wasser. Oder lassen Sie sich die Schultern mit einem Kunzit massieren. Akumassagepunkte Lu 6, DE 13/16

SCHÜTTELFROST - Gold, Steinsalz, Halit
Tragen Sie ein Goldarmband und massieren Sie mit Gold oder Halit die Daumenkuppe bis zum ersten Gelenk. Akumassagepunkt Lu 11, De 4, Di 2/14

SCHUTZSTEINE - Amethyst, Bernstein, Chrysokoll, Chrysopras, Citrin, Tigerauge, Türkis
Diese Steine sind als Schmuckstein, Anhänger oder Handstein geeignet.

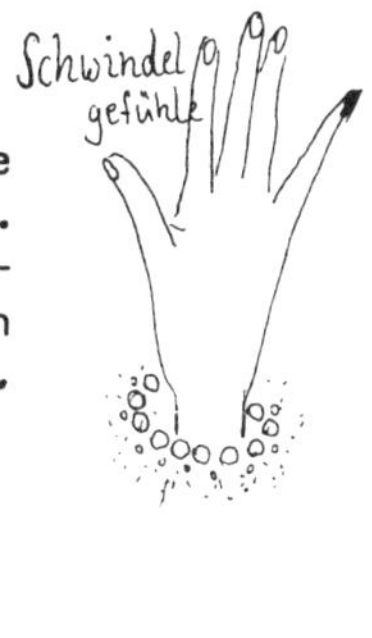

SCHWINDELGEFÜHLE - Kunzit, Malachit, Magnetit
Neigen Sie zu Schwindelgefühlen, dann legen Sie sich täglich in ein Zwölfeck aus Bergkristallen. Tragen Sie zusätzlich einen der Steine als Handstein oder Armreif. Akumassagepunkte mit dem Kunzit massieren: Ga 3/4/10/13/16/17/19/20/41/43, Lu 3/10, DE 3/12

SCHWÄCHE - Heliotrop, Koralle, Magnesit, Pyrit, Rosenquarz.
Legen Sie sich einen der Steine über jedes Ohr, auf jede Achsel, neben jedes Handgelenk und kurz über jeden Knöchel.
Oder tragen Sie einen der Steine als Anhänger oder Handstein - Talisman. Oder legen Sie sich täglich in ein Sechs- oder Zwölfeck aus Bergkristallen. Akumassagepunkte Ga 19/22/40, Dü 5, Ni 15

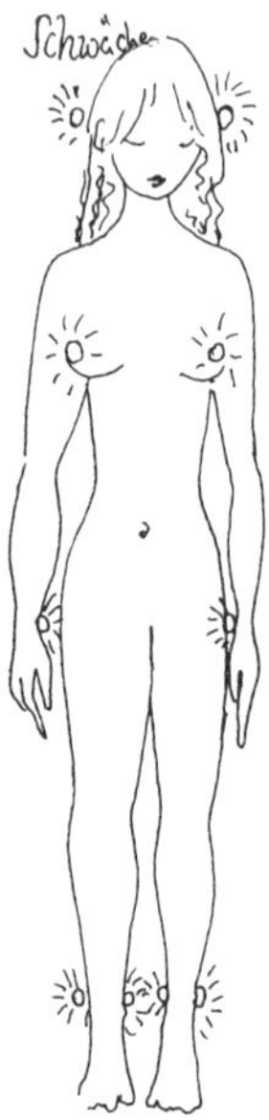

SCHWANGERSCHAFT - Amazonit, Amethyst, Beryll, Chalzedon, Jade, Magnesit, Mondstein, Moosachat, Silber, Selenit, Rubellit
Tragen Sie einen der Steine als Anhänger oder Handstein - Talisman. Bei Beschwerden legen Sie sich einen der Steine zwischen die Oberschenkel oder massieren Akumassagepunkt Ni 9

SEXUELLE STÖRUNGEN - Chrysopras, Diamant, Gips, Boulder-Opal, Rauchquarz, Rosenquarz, Selenit, Zoisit
Vorzeitiger Samenerguß - legen Sie sich einen der Steine auf jeder Seite der Leisten, höchste Stelle.
Ansonsten siehe unter den emotionalen Zuordnungen

SENILITÄT - Koralle
Kaufen Sie sich einen Rosenkranz aus Koralle. Wenn Sie ihn nicht zum Beten verwenden, so spielen Sie mit ihm wie mit einem Rosenkranz.

SELBSTHEILUNGSZENTRUM - Azurit, Dentridenquarz, Grossular, grüner Jaspis, Labradorit, Malachit, Peridot
Legen Sie sich ein flaches Dreieck aus einem der Steine auf den Oberkörper. Der oberste Stein sollte auf der Thymusdrüse liegen

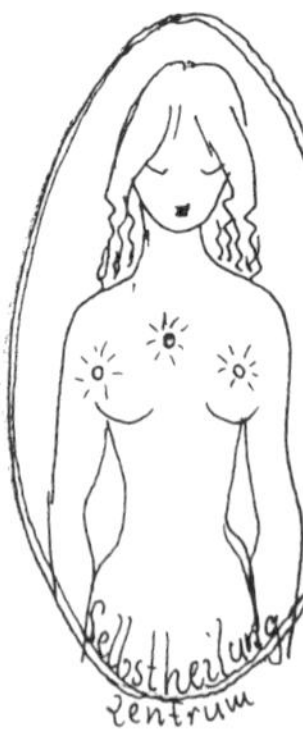

SICHELZELLEN - Marmor, Opal
Tragen Sie einen Anhänger aus o.g. Steinen direkt über dem Herzen

SKELETT - Apatit, Aquamarin, Azurit, Bronce, Baumquarz, Elfenbein, Fluorit, Granat, Gold, Kunzit, Magnetit, Magnesit, Boulderopal, Perle Rubellit, Silber
Legen Sie sich täglich einen der Steine auf das Sakralzentrum. Oder tragen Sie einen Talisman - Handstein mit sich.

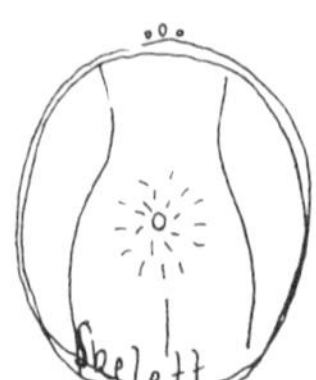

SOLAR PLEXUS - Azurit-Malachit, Bernstein, Citrin, Saphir, Sternsaphir
Legen Sie sich täglich einen der Steine auf den Solar Plexus oder tragen Sie ihn als Anhänger direkt über dem Magen.

SPEISERÖHRE - Diamant, Lapislazuli
Tragen Sie einen der Steine als Anhänger oder legen Sie sich einen der Steine auf das Kehlkopfchakra.

STEISSBEIN - Chrysokoll, Boulderopal, schwarzer Turmalin
Massieren Sie leicht und ohne Druck das Steißbein und legen Sie den Stein anschließend unter das Steißbein.

STIRN - Azurit, Azurit-Malachit
Entspannen Sie mit einem der Steine auf Ihrer Stirn

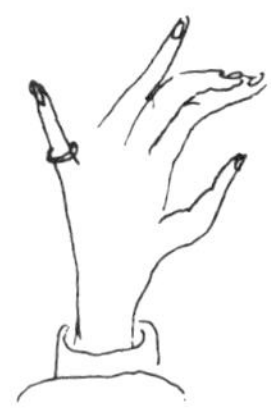

STIRNHÖHLE - Moosachat, Schwefel
Tragen Sie einen Ring aus Moosachat am kleinen Finger. Oder massieren Sie den Akumassagepunkt Dü 2 am Fingeransatz täglich.

STRAHLENSCHÄDEN - natürliche und unnatürliche - Charoit, Malachit
Tragen Sie einen Handstein oder Anhänger als Talisman mit sich
Computerstrahlen - Bildschirmentstörung: legen Sie ein Energiefeld aus 4 Bergkristallen um den Bildschirm. Es entsteht durch die Verbindung entstehender Kraftlinien eine Ätherpyramide. Von dieser geht - ähnlich wie bei Moleküloder Zellenaneinanderreihung ein strukturiertes Engergiefeld aus lauter Doppelpyramiden, welches die Computerstrahlen neutralisiert.

SCHÄDELBRUCH - Diamant
Tragen Sie einen Anhänger aus Brilliant oder Diamant. Legen Sie diesen dreimal pro Tag auf die Stirn.
SCHLAPPHEIT - Milchquarz
Legen Sie sich 10 Minuten einen Milchquarz unter den letzten Halswirbel. Akumassagepunkt LG 15.

SEELISCHE STÖRUNGEN - Wasseropal
Legen Sie sich je einen Wasseropal auf die Augenbrauen und zwischen kleinen und zweiten Fingeransatz. Akumassagepunkte Di 16, Ni 24.

STERILITÄT - durch Strahlenschäden - legen Sie sich ein Dreieck aus Boulderopalen auf den Unterleib. Von der obersten Stelle der Leisten bis zum Wurzelchakra.

STOFFWECHSEL - Aquamarin, Azurit, Amethyst, Baumquarz, Citrin, Feuerachat, Feueropal, Gold, Granat, Jade, Koralle, Lapislazuli, Morganit, Boulderopal, Rhyolit, Rubin, Saphir, Sardonyx, Sodalith, blauer Turmalin, Wassermelonenturmalin
Tragen Sie einen der Steine als Anhänger.
Oder legen Sie sich in ein Sechseck aus Bergkristallen und auf jede entstehende Kreuzung der Kraftlinien einen der o.g. Steine.

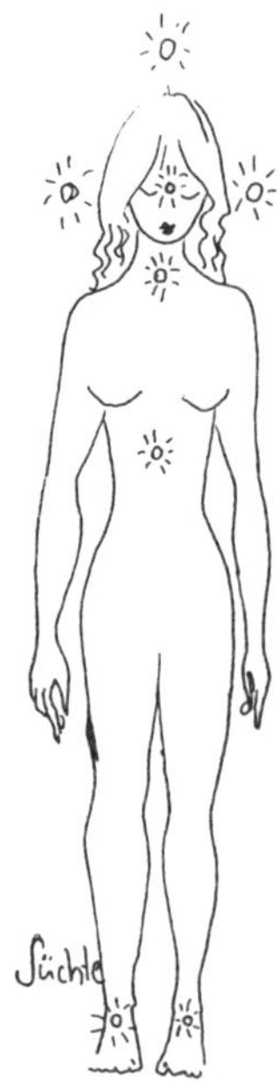

STRESS - Lepidolith
Legen sie sich in ein Sechs- oder Zwölfeck aus Bergkristallen und einen Lepidolith auf die Stirn zwischen die Augenbrauen.
Oder legen Sie sich einen der Steine auf die Stirn zwischen die Augenbrauen, je einen auf M 42 und einen oder drei auf das Chakra, in dessen Region sich der Streß bemerkbar macht.

SÜCHTE - Amethyst, Kunzit, Onyx, Platin, Rubin, Topas, weisser Achat
Legen Sie sich drei der o.g. Steine um Ihren Kopf. Amethyst, Kunzit, weisser Achat und Topas können Sie auch nachts unter Ihr Kopfkissen legen. Stärken Sie Ihr Sonnengeflecht mit einem der vorher beschriebenen Muster und legen Sie sich zusätzlich einen Stein auf Ihre Stirn.

SYNAPSEN - Amazonit, Diamant, Graphit
Nehmen Sie einen der Steine als Handstein oder Anhänger Talisman.
Oder legen Sie sich täglich einen Diamanten (Rohdiamant ab 20,-DM), einen Amazonit auf das Sonnengeflecht, und je ein Turmalinstäbchen beidseitig von der Milz zum Sonnengeflecht zeigend.

SPRACHSCHWIERIGKEITEN - Chalzedon
Legen Sie sich in ein Sechs- oder Zwölfeck aus Bergkristallen und einen Chalzedon auf den Hals.
Oder legen Sie je einen Chalzedon auf den Hals, auf die Oberarme und einen auf das Sonnengeflecht.
Akumassagepunkte Ga 21/24, Lu 1-6

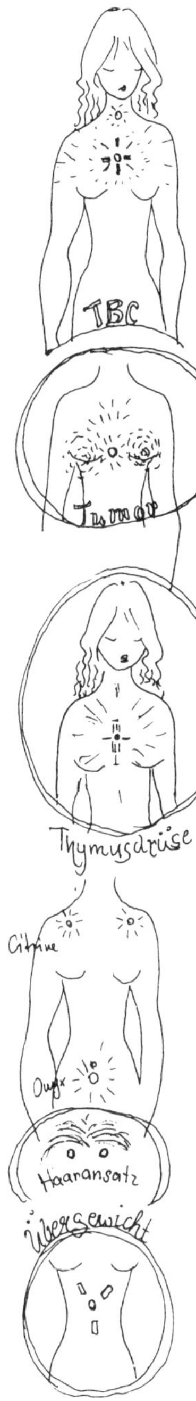

SODBRENNEN - Koralle
Legen Sie sich je eine Koralle über die Brustspitzen oder tragen Sie eine lange Korallenkette. Akumassagepunkt Ma 16

TBC - Gold,, Magnesit, Schwefel, Turmalin
Legen Sie sich ein Goldstück auf die Thymusdrüse und ein Kreuz aus grünen Turmalinstäbchen um diesen Punkt, zusätzlich ein Magnesit auf den Hals. Oder tragen Sie ein Amulett aus Wassermelonenturmalin, mit dem rosa Teil nach oben, dem grünen nach unten zeigend.
Oder massieren Sie mit einem der o.g. Steine den Unterarm. Akumassagepunkt Di 8.

TUMOR - Heliotrop, Herkimer, Magnetit
Massieren Sie sich täglich mit einem der Steine rund um die Brustspitzen und lassen Sie ihn anschließend 10 Minuten in der Mitte beider Brustspitzen liegen. Denken Sie während Sie sich so entspannen, über Vergebung nach.

TYPHUS - Kupfer
Tragen Sie ein Kupferarmband

THYMUSDRÜSE - Azurit-Malachit, Amethyst, Aquamarin, Aventurin, Jade, Lapislazuli, Landschaftsjaspis, gelber Jaspis, Jade, Gold, Koralle, Lapislazuli, Opal, Platin, Rauchquarz, Rubin, Smaragd, Sodalith, grüner Turmalin
Legen sie einen der Steine täglich auf die Thymusdrüse. Bei starker Abwehrschwäche bilden Sie aus den Steinen eine Kreuzform nach der modernen Form des Kreuzes von Franz von Assisi.

TAUBHEIT - Amethrin, siehe Gehör

TODESSEHNSUCHT - Onyx, Citrin
Legen Sie sich einen Onyx auf das Sakralzentrum und je einen Citrin auf jedes Schlüsselbein. Akumassagepunkte Ni 17/25

ÜBELKEIT - Kunzit
Massieren Sie sich den Haaransatz und legen anschließend den Kunzit auf den Magen. Akumassagepunkt Ga 14

ÜBERGEWICHT - Gallium, Gipskristalle, Graphit, Koralle, Rubin, Selenit
Legen Sie sich einen Rubin auf das Sonnengeflecht und drei Selenite um diesen Rubin.

URIN dunkler – Jaspis, Bernstein, Rutilquarz
Massieren Sie sich die Taille rechts und links mit einem der Steine täglich. Akumassagepunkt Ga 25

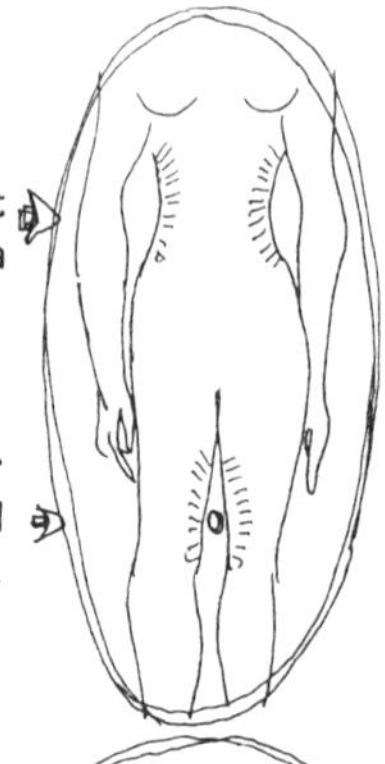

UNFRUCHTBARKEIT – Zoisit mit Rubin
Massieren Sie sich täglich die Innenseiten der Schenkel und legen Sie den Stein anschließend zwischen die Beine und entspannen Sie. Akumassagepunkt Le 11

ÜBERSÄUERUNG – Amethyst
Massieren Sie den Akumassagepunkte Ni 17 am großen Zeh. Legen Sie sich anschließend mit einem Dreieck aus Amethysten auf Ihrem Bauch zur Entspannung lang: je einen Amethyst auf die zweite Rippe und einen unter den Bauchnabel. Akumassagepunkte Mi 1/16

UNGEDULD – Aventurin, Peridot
Massieren Sie sich oberhalb des Bauchnabels mit einem der Steine

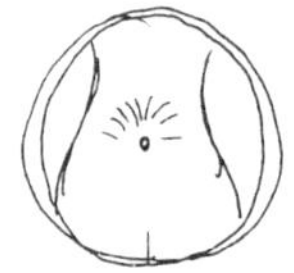

VEGETATIVES NERVENSYSTEM – Citrin, Charoit, Rhyolith, Rhodochrosit, Wasseropal
Legen Sie sich einen Wasseropal auf die Stirn zwischen die Augenbrauen, einen Charoit auf das Halschakra, einen Rhodochrosit auf das Herzchakra, den Rhyolith auf das Sonnengeflecht, den Citrin auf den Bauchnabel. Hauptnervencentren sind auf Stirn und Sonnengeflecht.

VENEN – Carneol
Massieren Sie sanft die Venen mit einem Carneol und tragen Sie einen Handstein mit sich.

VERDAUUNG – Achate, Bergkristall, Citrin, Chrysolith, Chrysokoll, Gold, Jaspis, Kunzit, Kupfer, Koralle, Malachit, Magnesit, Obsidian, Perle, Pyrit, Rubin, Saphir, Silber, Smaragd
Legen Sie sich in ein Sechs- oder Zwölfeck aus Bergkristallen und drei der o.g. Steine auf den Bauch. Tragen Sie ein Armband ode Armreif aus o.g. Steinen. Akumassagepunkte Di 8, HB 8, Mi 2/5/7/13, Ni 14

VERKALKUNG – Chrysokoll, Feueropal
Legen Sie sich ein Sechseck aus Bergkristallen und auf jede Kreuzung der entstandenen Kraftlinien einen Chrysokoll.

Verkalkung des Gehirns – legen Sie sich einen oder mehrere Feueropal über das Kopfkissen.

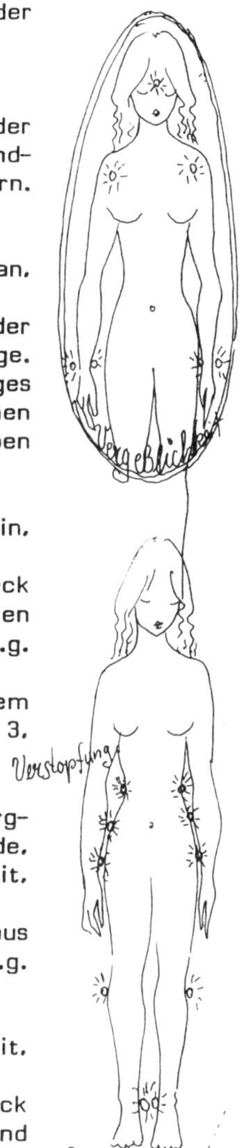

VERGESSLICHKEIT – Saphir
Tragen Sie einen Saphir am kleinen Finger. Oder legen Sie sich je einen Saphir kurz über das Handgelenk, auf die Achseln und auf die Stirn. Akumassagepunkte He 3/7

VIREN – Chrysolith, Fluorit, Moosachat, Obsidian, Tigerauge, Smaragd
Machen Sie sich ein Elixier aus Smaragd. Oder legen Sie sich einen Chrysolith unter die Zunge. Oder legen Sie sich aus Fluoriden ein viereckiges Legemuster: einen über den Kopf, einen zwischen die Schenkel und je einen recht und links neben die Taille.

VERSTOPFUNG – Jaspis, Koralle, Magnesit, Platin, Schwefel, Smaragd
Legen Sie sich täglich in ein Sechs- oder Zwölfeck aus Bergkristallen und zusätzlich zu allen Bergkristallen unterhalb der Taille einen der o.g. Steine.
Oder massieren Sie den gesamten Fuß mit einem der Steine. Akumassagepunkte Ga 27/34, Le 3, Di 5, Mi 3/15, Ni 3

VITALITÄT – Amethyst, Azurit, Blauquarz, Bergkristall, Bronce, Citrin, Diamant, Elfenbein, Jade, grün-roter Jaspis, Heliotrop, Koralle, Magnetit, Perle, Lapislazuli, Sodalith, Rubin, Türkis
Legen Sie sich täglich in ein Sechseck aus Bergkristallen und nehmen tagsüber einen der o.g. Steine als Talisman - Handstein mit sich.

WASSERADERN – Apatit, Jaspis, Magnesit, Malachit, Topas
Legen Sie sich aus einem der Steine ein Viereck auf den Körper, vom Hals zum Wurzelchakra und jeweils einen neben die Taille.
Oder legen Sie sich in ein Energiefeld aus 6 Bergkristallen und einen der o.g. Steine jeweils auf eine durch die Kraftlinien entstandene Kreuzung.

Sie können Ihren Raum, Ihr Bett oder Ihren Arbeitsplatz entstören mit einem Energiefeld aus 4, 6 oder 8 Bergkristallen oder Jadestücken.

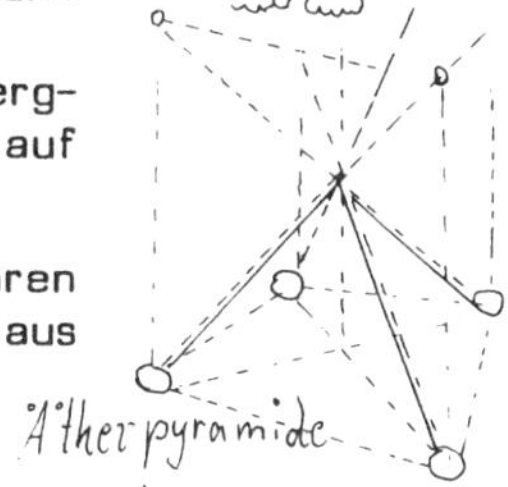

WASSERSUCHT – Mondstein, Silber, Amethyst
Tragen Sie einen Mondstein als Anhänger an einer Silberkette.

WÜRMER – Magnesit
Machen Sie sich ein Elixier aus einem ungefärbten weißen Magnesit

WETTERFÜHLIGKEIT – Chrysolith, Onyx, weisser Achat mit Rubin
Tragen Sie aus einem der Steine ein Amulett oder Handstein.

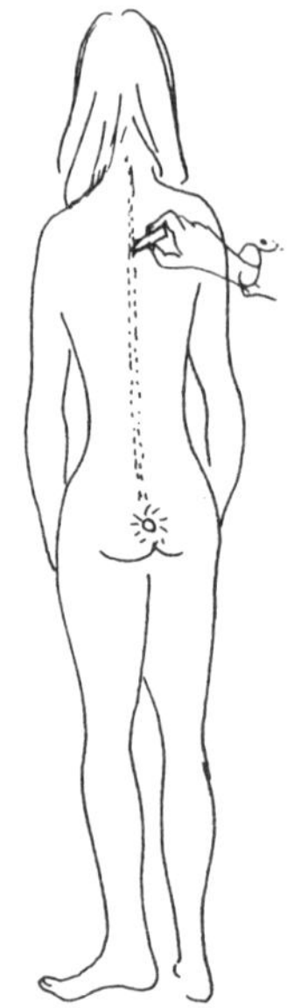

WIRBEL – Azurit, Azurit-Malachit, Baumquarz, Gold, Koralle, Lapislazuli, Magnetit, Messing, Silber
Massieren Sie die gefährdeten Wirbel

WIRBELSÄULE – Aventurin, Topas
Lassen Sie sich die gesamte Wirbelsäule massieren und legen Sie anschließend den Stein unter das Steißbein. Oder lassen Sie sich rechts und links an der Wirbelsäule entlang mit einer Bergkristallspitze "punktieren", dreimal von unten nach oben und mit einem Rhodochrosit "ab- bzw. glattstreichen"

ZÄHNE – Magnesit
Massieren Sie die Mundpartie bis zur Mitte Ohr. Akumassagepunkt Ga 2. **Zahnschmerzen** – Massieren Sie vom Haaransatz über die Schläfe bis zum Hinterkopf im Bogen nach oben. Akumassagepunkte Ga 5/9/10/17, Lu 7, DE 2/5/8/9/17, Di 1/5, Ma 42

ZAHNFLEISCH – alle Achate, Koralle
Spülen Sie mit einem Elixier aus o.g. Steinen

ZELLERNEUERUNG – Rhodolith-Granat
Tragen Sie einen Anhänger aus Rhodolith zwischen Herzhöhe und Thymusdrüse

ZELL ELASTIZITÄT– Bandachat, Wasseropal
Tragen Sie einen der Steine als Anhänger zwischen Herz und Thymusdrüse

ZELLERINNERUNG – Feuerachat, Wasseropal
Legen Sie sich einen der Steine auf die Thymusdrüse

ZELLEN – abnormales Wachstum – Azurit-Malachit
Legen Sie sich auf die Thymusdrüse und auf die Stirn zwischen den Augenbrauen einen Azurit-Malachit und gehen Sie mit dem Bewußtsein zu den befallenen Stellen.

ZECKENBISSE – Amethyst
Binden Sie einen Amethyst auf die betroffene Stelle

ZIRBELDRÜSE – Bandachat, Bergkristall, Diamant, Lepidolith, Malachit, Opal, Silber
Legen Sie sich einen der Steine über den Scheitel und einen unter den letzten Halswirbel

ZEITGEFÜHL – weisser Achat mit Türkis
Tragen Sie ein Amulett aus beiden Steinen.

ZIELLOSIGKEIT – Saphir
Massieren Sie sich die Punkte M 42 mit einem Saphir

ZITTERN – Orangencalzit, Mokait
Nehmen Sie einen der Steine als Handstein oder Armband. Akumassagepunkt He 6/8

Nachtrag:

ASTHMA – Bernstein, Malachit
Legen Sie sich je einen Malachit auf die Schultern, einen auf den Bauch unterhalb des Bauchnabels, und einen Bernstein auf KG 16, Körpermitte knapp unterhalb des Herzens. *20 Minuten täglich*

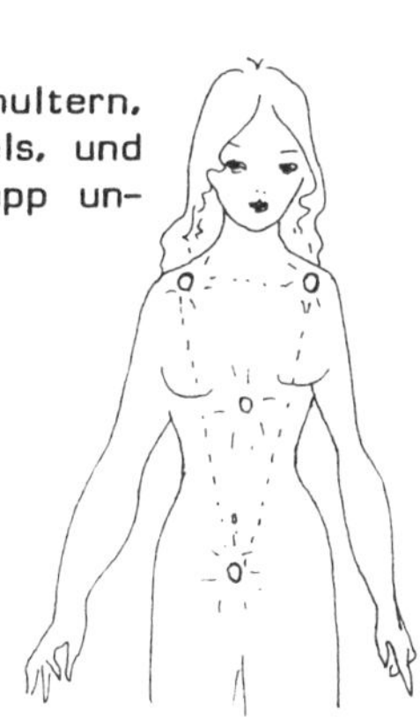

ANHANG

ZU DEN NACHFOLGENDEN MERIDIANZEICHNUNGEN

AKUPUNKTMASSAGE MIT STEINEN

Nachfolgend sind sämtliche Meridiane aufgeführt, deren einzelne Punkte in den vorhergehenden Seiten erwähnt sind.
Z.B. unter GESCHWÜRE Seite 57 finden Sie zuletzt den Hinweis: Akumassagepunkt Le 8. Suchen Sie auf den folgenden Seiten unter dem Lebermeridian den Punkt 8. Sie müssen den Punkt nicht haargenau treffen, da der Magnetismus dieses Ätherpunktes die heilenden Frequenzen des Steines infolge seiner Strahlfähigkeit anzieht. Massieren Sie den Punkt mit Umfeld in Kreisbewegungen ohne Druck zwischen 3 bis 10 Minuten täglich, bis die Symptome verschwinden. Siehe Seite 23 genauere Beschreibung. Oder legen Sie sich aus den entsprechenden Punkten ein Energiefeld wie aus meinen Vorschlägen ersichtlich.
Ich habe nur das Konzeptionsgefäß genauer beschrieben. Die Wirkung der einzelnen Punkte der anderen Meridiane ist in einschlägigen Akupunkturbüchern beschrieben.

DAS KONZEPTIONSGEFÄSS (KG)

KG 1 - Hämorrhoiden, Menstruationsstörungen
KG - Smermaverlust, Impotenz, Unterleibsbeschwerden
KG 3 - Unterleibskrankheiten
KG 4 - Spermaverlust, Impotenz, Menstruationsstörungen, Diarrhoe, Enuresis
KG 5 - Schmerzen im Unterleib, Ödeme, Menstruationsstörungen,
KG 6 - Unterleibsschmerzen, Menstruationsstörungen, Urin, Neurasthenie
KG 7 - Unterleibs- und Scheidenschmerzen, Genitalbereich, Alpdruck, Koliken

KG 8 - Chronische Enteritis, Schmerzen im Unterleib, Diarrhoe, Meteorismus, weibliche Sterilität

KG 9 - Ödeme, Dysurie, Diarrhoe
KG 10 - Magenschmerzen, Dyspepsie Gastroptosis, Enteritis
KG 11 - Gastritis, Erbrechen, Dyspepsie, Ödeme
KG 12 - Gastritis, Ulcus, Schmerzen im Unterleib, Erbrechen, Neurasthenie,
KG 13 - Gastritis, Magenbeschwerden, Brechreiz, Schluckauf

KG 14 - Gastritis, Erbrechen, Neurasthenie
KG 15 - Schmerzen der oberen Brustgegend, Herzstechen, Gastritis Singultus, mentale Disharmonie

KG 16 - Asthma, infantiles Milcherbrechen, Magenausleerung
KG 17 - Bronchitis, Asthma bronchiale, Brustschmerzen, Völlegefühl Husten, Singultus
KG 18 - Bronchitis, Asthma, Pleuritis, Erbrechen
KG 24 - Flüssigkeitsaufnahme und -zurückhaltung, Daumenschwellung Faciallähmung

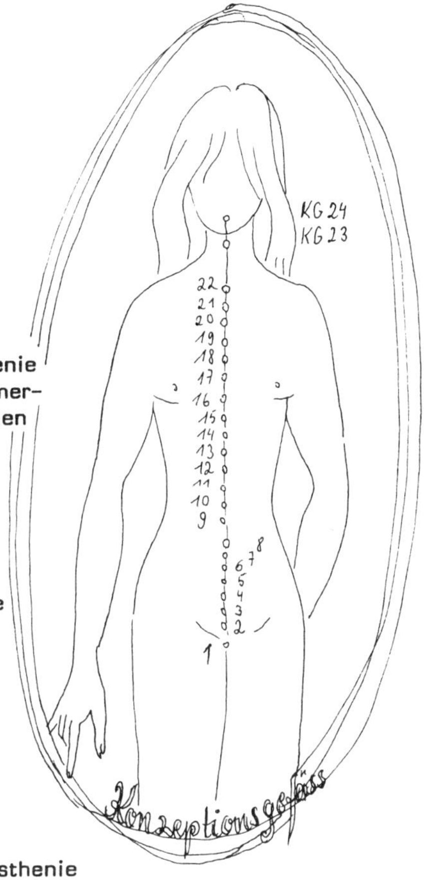

AKUPUNKT MASSAGE
3 Minuten mit dem Stein massieren, bzw. Punkt mit Umfeld 10 Minuten

FUSSOHLEN–REFLEXZONEN

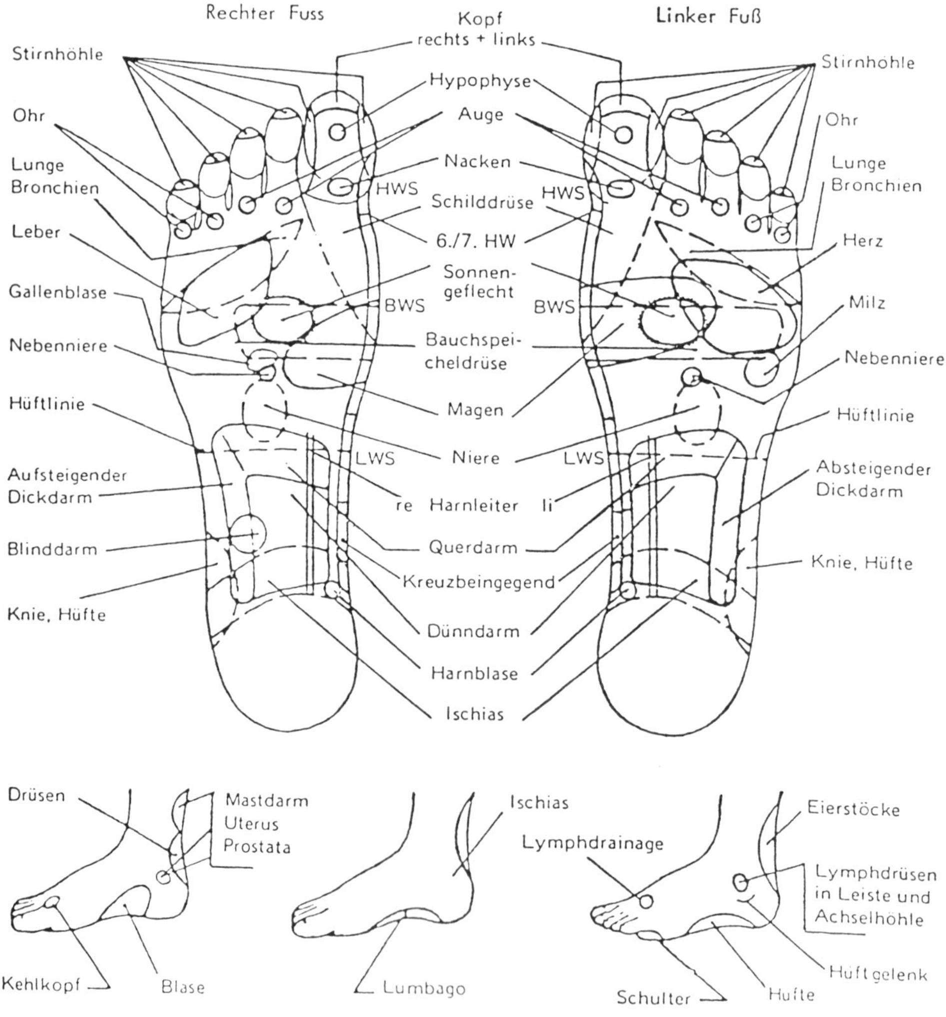

GALLENBLASEN MERIDIAN

WANDLUNGSPHASE HOLZ TRANSFORMATION

LEBER MERIDIAN

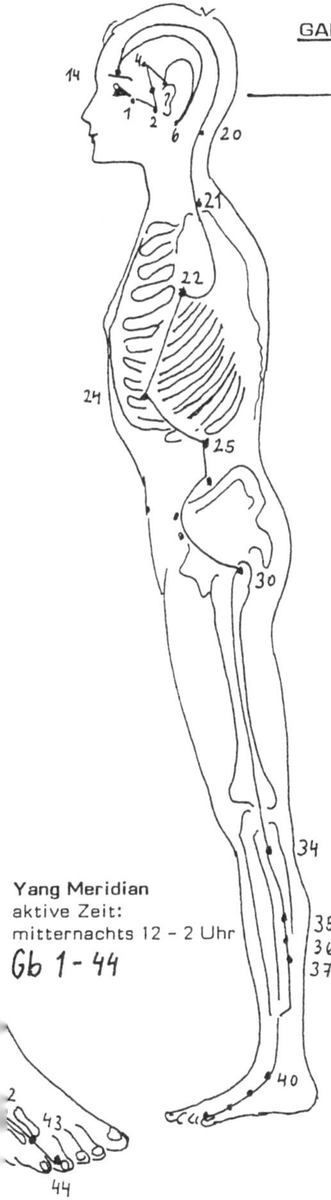

Yang Meridian
aktive Zeit:
mitternachts 12 – 2 Uhr
Gb 1 - 44

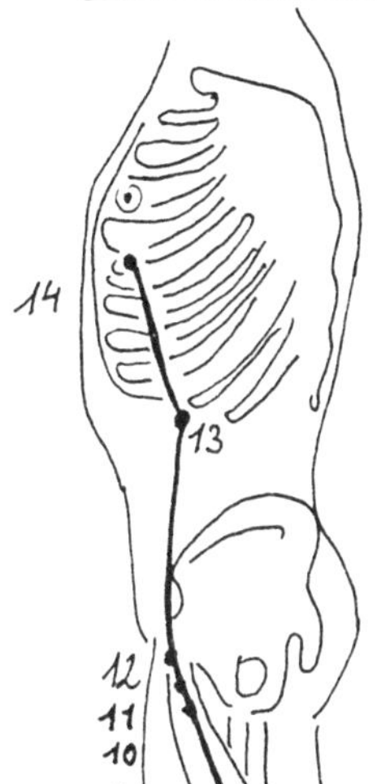

Yin Meridian
aktive Zeit:
nachts 2-4 Uhr
Le 1- 14

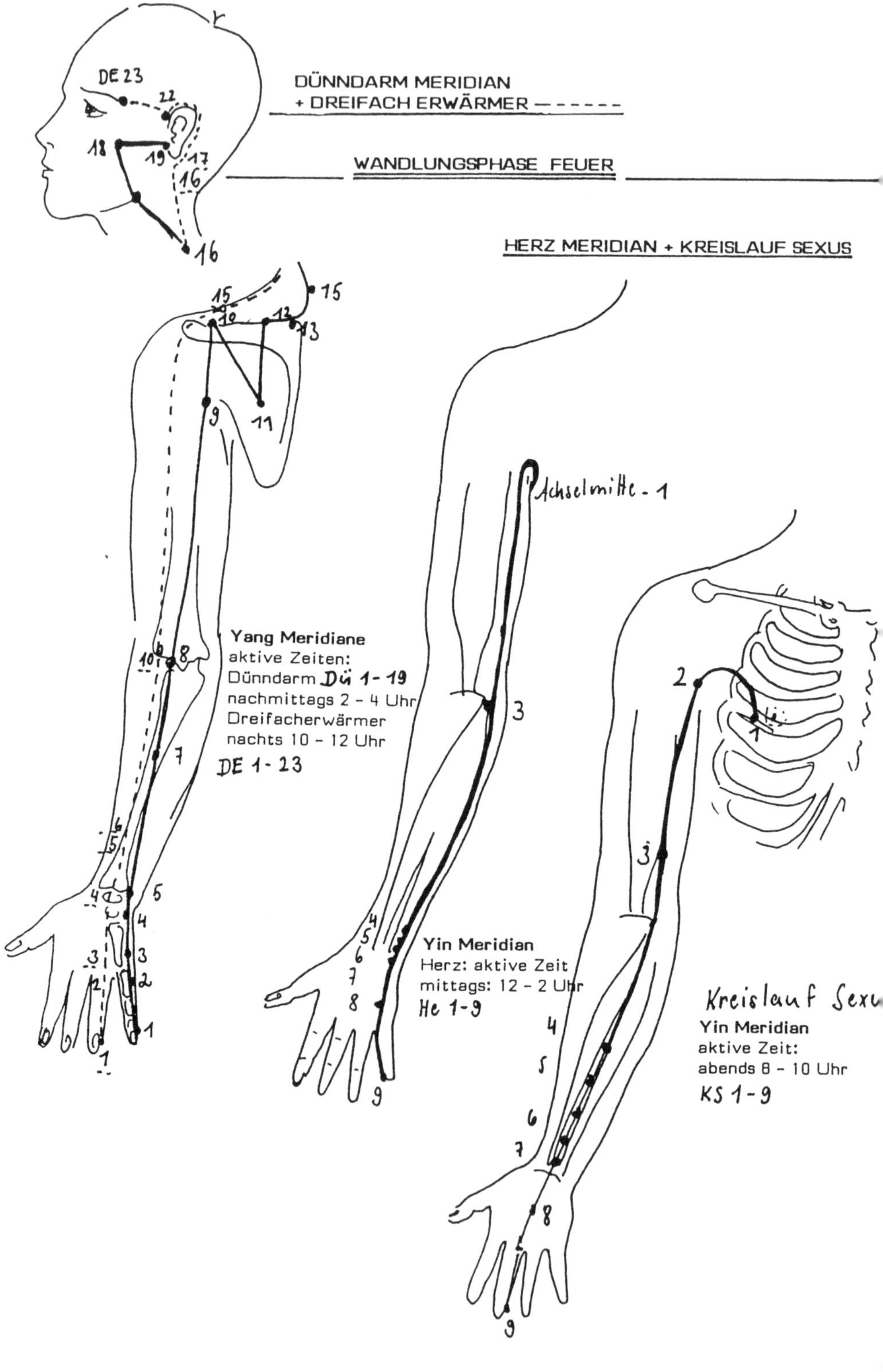

DÜNNDARM MERIDIAN
+ DREIFACH ERWÄRMER ------
WANDLUNGSPHASE FEUER
HERZ MERIDIAN + KREISLAUF SEXUS
DE 23
22
18
19
17
16
16
15
15
10
12
13
9
11
Achselmitte - 1
Yang Meridiane
aktive Zeiten:
Dünndarm Dü 1 - 19
nachmittags 2 - 4 Uhr
Dreifacherwärmer
nachts 10 - 12 Uhr
DE 1 - 23
10
8
7
3
2
1
Yin Meridian
Herz: aktive Zeit
mittags: 12 - 2 Uhr
He 1 - 9
Kreislauf Sexus
Yin Meridian
aktive Zeit:
abends 8 - 10 Uhr
KS 1 - 9

MAGEN MERIDIAN

WANDLUNGSPHASE ERDE

MILZ PANKREAS MERIDIAN

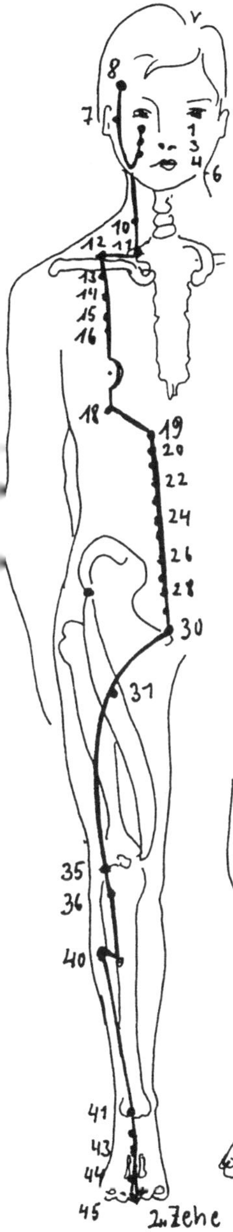

Yang Meridian
aktive Zeit:
morgens 8 – 10 Uhr
Ma 1 - 45

Yin Meridian
aktive Zeit:
10 – 12 Uhr
MP 1 - 21

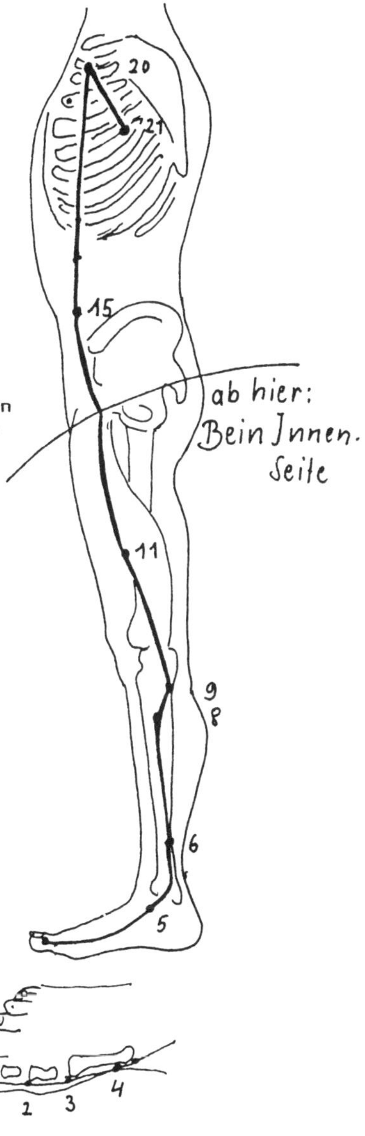

DICKDARM MERIDIAN

WANDLUNGSPHASE METALL - LUFT

LUNGEN MERIDIAN

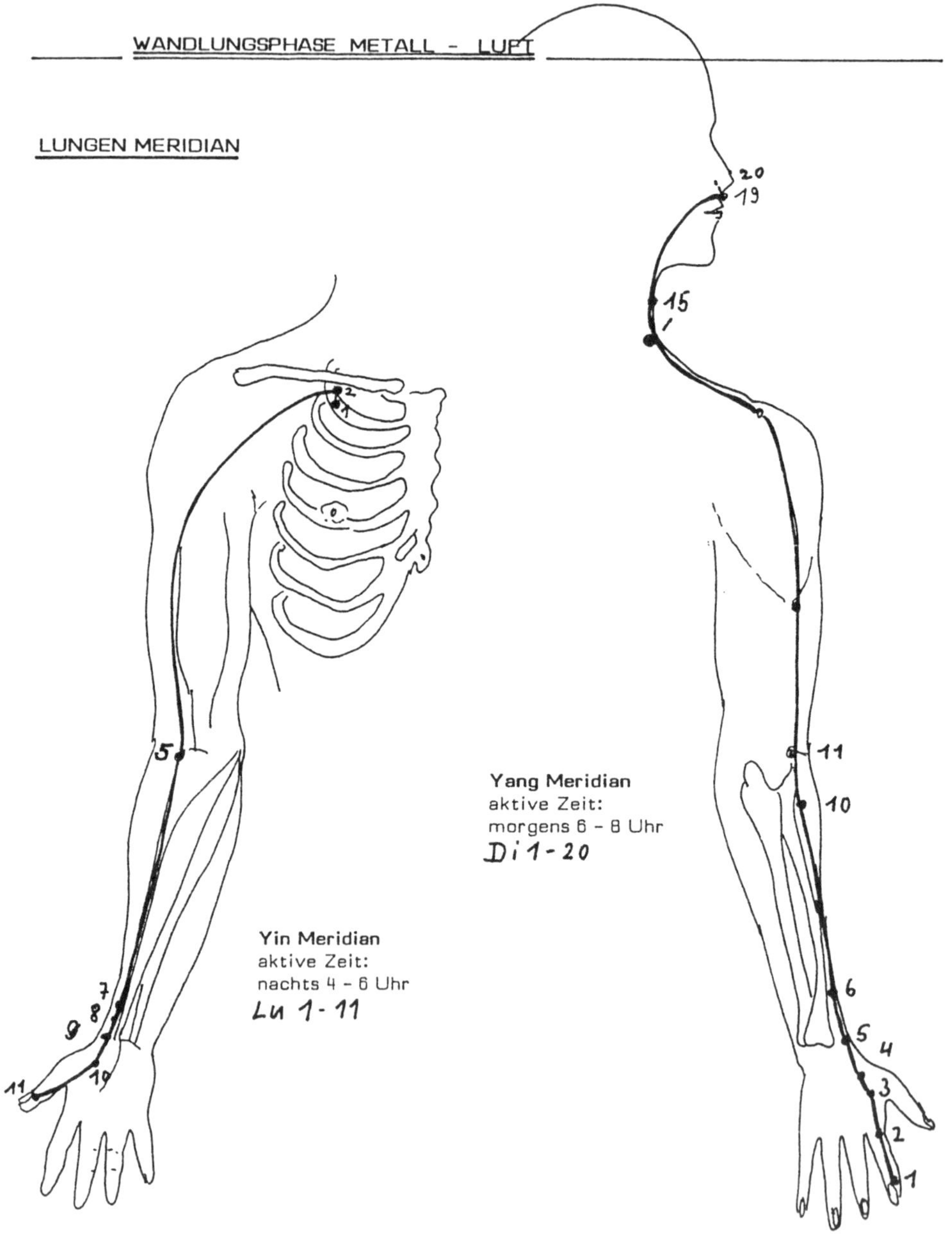

NIEREN MERIDIAN

WANDLUNGSPHASE WASSER

BLASEN MERIDIAN

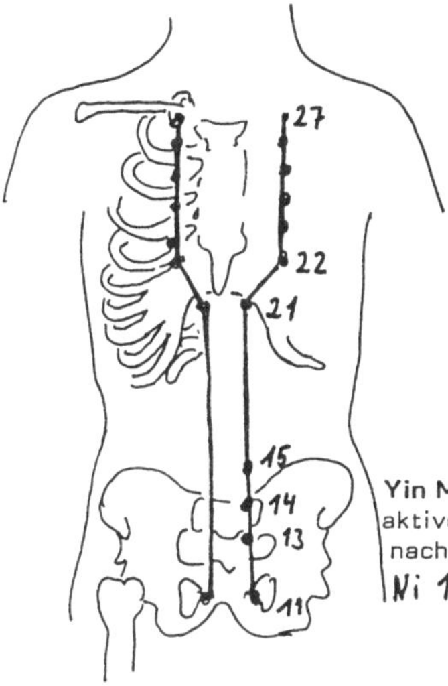

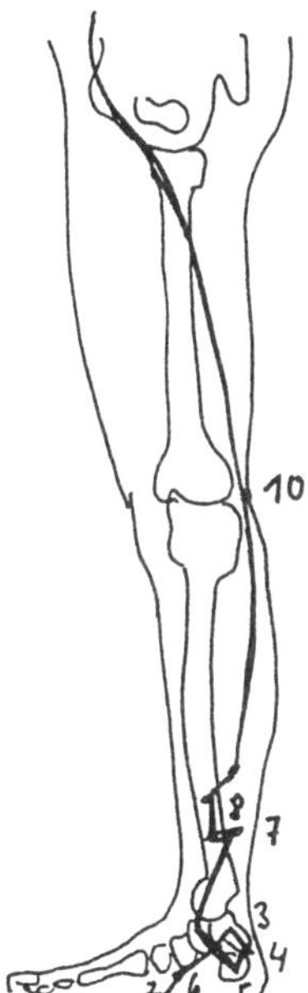

Yin Meridian
aktive Zeit:
nachmittags 6 – 8 Uhr
Ni 1 - 27

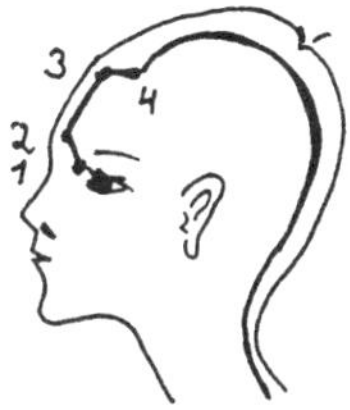

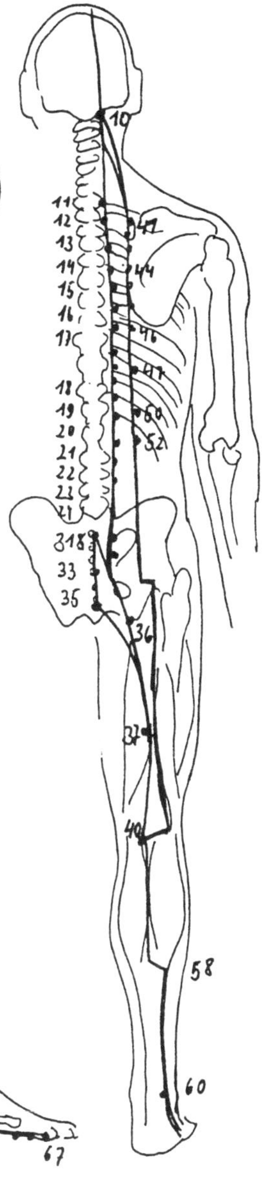

Yang Meridian
aktive Zeit:
4 – 6 Uhr
Bl 1 - 67

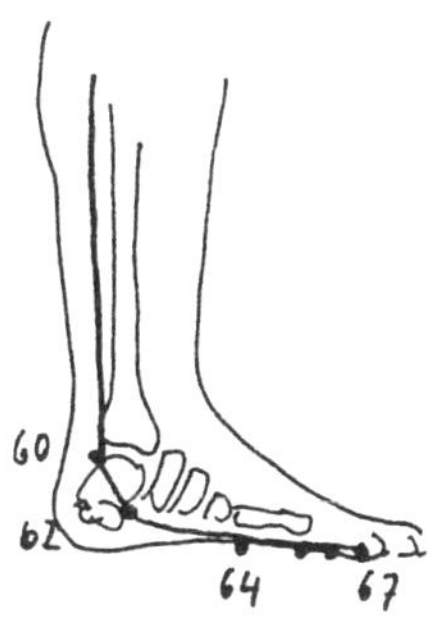

UNSER KRISTALL HEALING CENTER

1983 war das Jahr, in dem uns der Bergkristall begegnete. In unseren Kreisen war es plötzlich "in", meditative Erlebnisse mit der gebündelten Lichtkraft der Bergkristalle zu verstärken.
Total, wir damals und schon immer waren, hat der Kristall uns und wir ihn ganz gepackt. Wir kauften Unmengen und weit mehr, als wir eigentlich bezahlen konnten in allen Größen und Arten von Bergkristallen und entdeckten somit, daß Bergkristall nicht gleich Bergkristall ist. Fundorte wie Madagskar, Brasilien, Europäische Alpen und Arkansas bringen ganz unterschiedliche Kinder des Lichtes an den Tag. Wir hatten vor allem mit den Brasilianischen Bergkristallen zu tun. Diese sind die weichesten unter den Bergkristallen, wenig spröde, versteckte Geheimnisse, denen wir mit Schleifkursen und Sandsteinrädern zuleibe rückten, um sie zu lüften. In den oft unscheinbaren, verkrusteten, rauhen Schalen entdeckten wir durch Schleifen oft die wunderbarsten Welten und Gebilde, orakelgleiche und liebliche Geschöpfe der Natur.
Die bedingungslose Strenge, die lichte Klarheit der klaren Arkansaskristalle gestaltete unser äußeres Leben. Sitzt man 8 Stunden am Schleifrad, nur mit dem Sprühregen des Schleifwassers und der klarsten Form des Felsens, dem Bergkristall vor Augen, vergeht das Bild vor dem Inneren Auge nicht mehr und man beginnt, die eigene Welt mit anderen Augen zu sehen.
Das sanfte, innere, lichte Dasein der seiner spröden Oberfläche beraubten Kristalle strömte heilend ins Innere unseres Seins. Der Stein hat uns gepackt.
So blieb die Neugierde auf die bunten Steine nicht aus.
Inzwischen waren wir ein Team: Schleifer, Heiler und Meditation.
Die gemeinsamen Erfahrungen wurden ausgetauscht und uns gegenseitig belehrt.
Wir haben eine Ruine im Moor, nahe des Jadebusens - wie sinnig - halbwegs wieder aufgebaut, Teiche, Gräben und selbstverständlich Bergkristalle zwischen die uralten Bäume "gepflanzt" und einen Gruppenraum gebaut. Dies geschah alles, um andere an unseren Erfahrungen teilnehmen zu lassen.
Das Team - wir haben uns, wie das im Leben so ist, wieder getrennt, da jeder seinen eigenen Weg im Leben hat. Aber die kleine gemeinsame Wegstrecke hat viele Nebenstraßen geöffnet. Und alle sind mit Kristallen gepflastert.
Jeden letzten Sonntag im Monat haben wir eine Einführung in die heilenden Wirkungen der Edelsteine mit praktischen Übungen. Eine Mischung aus Aufklärung, Vortrag und Anwendung. Nach einem solchen Sonntag sind Sie in der Lage, für sich selbst zu entscheiden, welche Steine Ihre Heilung unterstützen können und wie sie anzuwenden sind.
Beginn 9 Uhr - Abschluß 17 Uhr, kostenlos. Weitere Informationen: Tel. 04480-1661
Einzelberatungen: Wenden Sie sich an mich - Elke Lopes

INHALT

Ergänzung zu der Beschreibung der Steine aus Band I

APATIT - Immunsystem
AZURIT - Schlaf, Kreislauf, Zentrales Nervensystem, Knochen, Gelenke, Konzentration, Visionen, Geborgenheit
BOTSWANA - ACHAT - Raucherentwöhnung
CHIASTOLITH - Erschöpfung, Bewegungszentrum, Solarplexus, Knochen, Gelenke, Haut- und Bindegewebe, Friede, Meditation, Verfolgungswahn
CHAROIT - Hauptwirbelsäule, Schultergelenke, Schlafstörungen, Prostata, Ischias, Abwehr, Immunsystem, Gehirndruck, Schlafsteuerzentrum, Krebs, Denkvermögen, Herz, Kreislauf, Intuition, Klarheit
FEUEROPAL - Lebensfaden, Zellerneuerung, geistiges Wachstum, Rheuma, Gicht, Empfindungszentrum, Past life - Erinnerungen
FLINT - Magersucht
FEUERACHAT - Unterscheidungsvermögen, Unbeholfenheit, Selbstachtung
GOLDFLUSS - anregend
GRAUQUARZ - anregend, abmagernd
HELIOTROP - Blut, Blase, Hämorrhoiden, Kreislauf, Konzentration, Magen, Milz, Tumore, Zellregeneration, LABRADORIT - Wegbegleiter ins neue Zeitalter, gegen schwarze Magie
LEPIDOLITH - Haut- und Bindegewebe, DNS, Hyperaktivität, Mastdarm, Rückenmuskulatur, ZNS, Vergeßlichkeit, Gefühlsschwankungen, Ärger, Angst, Mut, Schlaf
METEORIT - Anämie, Grippe, natürliche Strahlungen
Lichtgrüner Meteorit - Schutzstein auf dem Weg zum Licht
MODAVIT - Hellsichtigkeit
PERIDOT - Olivin, Chrysolith, Wetterfühligkeit, Herzrythmusstörungen, Verstopfung, Erdung, Melancholie, Hellsichtigkeit, YIN-YANG
PETALITH - emotionale Ausgeglichenheit - 1 auf Herz, je 1 auf die Höcker der Stirn, Past Life - Verwundungen
PYRIT-ACHAT - Atemwege, Erkältung, Heiterkeit, Optimismus
PORPHYRIT - Aura - Astralkörper reinigen
ROTNICKELKIES - Anämie, Ovarien
RHYOLIT - vegetatives Nervensystem, Ausdruck, Liebesfähigkeit, Selbstachtung
SERPENTIN - (Antigorit, Halien) Zeitreisen, Astralkörper reinigen
SUGILIT - Nebenschilddrüse, Sprachzentrum, Lymphsystem, Herzzentrum, DNS, Verfolgunswahn, Lebensmut
USOVIT - verjüngend

Ergänzung - Kopfschmerzen: Kardinalpunkt unter der Fußsohle, mitte, innen oder drücken Sie auf beide Nasenseiten je einen Stein